기독교문서선교회(Christian Literature Center: 약칭 CLC)는 1941년 영국 콜체스터에서 켄 아담스에 의해 시작되었으며 국제 본부는 미국 필라델피아에 있습니다. 국제 CLC는 59개 나라에서 180개의 본부를 두고, 약 650여 명의 선교사들이 이동도서차량 40대를 이용하여 문서 보급에 힘쓰고 있으며 이메일 주문을 통해 130여 국으로 책을 공급하고 있습니다. 한국 CLC는 청교도적 복음주의 신학과 신앙서적을 출판하는 문서선교기관으로서, 한 영혼이라도 구원되길 소망하면서 주님이 오시는 그날까지 최선을 다할 것입니다.

추천사 1

이후정 박사
감리교신학대학교 총장

　사랑하는 제자 민돈원 목사님의 신앙 에세이집 출판을 축하하면서 몇 마디 추천사를 쓰고자 합니다. 감신대에서 30년가량 교수로 신학생을 가르쳐 오다가 마지막 사명으로 총장을 맡은 지 3년이 지났습니다.
　민 목사님은 아주 굳건하고 의로운 성품과 지칠 줄 모르는 에너지를 지닌 분으로 학생 때부터 저와 좋은 관계를 가졌습니다. 학문적으로도, 나아가서는 목회자로서 올곧게 사역의 길을 걸어온 것을 항상 자랑스럽게 생각하는 제자입니다.
　특별히 감리교회의 거룩성 회복을 위해 귀중한 사명을 감당해 온 민 목사님이 쓰신 에세이 속에는 그의 성도들에 대한 깊은 사랑과 함께 인생의 통찰력과 따뜻한 조언들이 읽혀집니다. 사실 인생의 멘토가 되는 것이 목회자의 중요한 사역의 하나임을 우리는 잘 알고 있습니다. 영적인 면에서뿐만 아니라 매일 일상의 삶에서 부딪히는 수많은 문제와 곤란을 해결하고 뚫고 나가는 데 지혜와 가이드가 없다면 이는 불가능할 것입니다.
　민 목사님을 통해서 우리가 얻게 되는 신앙생활의 지혜는 척박하고 점점 더 비인간화되어 가고 있는 오늘의 현실에 시원한 생수와 같은 선물이 될 것입니다.

저는 민 목사님의 교회에 한 번 설교하러 갔을 때 받았던 사모님과 가족들, 성도들의 환대 넘치는 사랑을 늘 기억하고 있습니다. 그러한 믿음직한 목사님의 삶과 그의 진심에서 우러나오는 아름다운 정서와 성도들에 대한 사랑의 글은 우리에게 든든한 푯대와 같이, 혹은 막대기와 지팡이로 인도하시는 선한 목자의 길잡이별같이 이 시대를 사는 우리 모두에게 희망을 가져다줄 것입니다.

이 신앙 에세이집이 많은 그리스도인에게 설교 이상으로 시원하게 해 주며 영혼을 북돋아 주는 큰 축복의 통로가 되길 진심으로 바라면서 추천의 글을 마칩니다.

추천사 2

김 진 두 박사
감리교신학대학교 전 총장, 석좌교수

　민돈원 목사님의 신앙 에세이집을 읽으면서 존 웨슬리의 '실천적 신학'(practical divinity)을 닮았다는 생각이 들었습니다.
　민 목사님은 웨슬리처럼 모든 지식과 이론과 방법을 목회와 선교에 적용하고 유익하게 활용하여 좋은 열매를 많이 맺으며 행복한 목사로 살아가는 본을 보여 주고 있습니다.
　민 목사님은 부지런한 독서와 성실한 목회, 다양한 선교 활동을 통해서 얻은 60여 편의 이야기를 아름답고 따뜻한 마음의 글로 전해 주고 있습니다. 민 목사님의 글은 일본의 유명한 기독교 문학가 미우라 아야코의 간증 문학을 많이 닮았습니다.
　민 목사님은 성경 말씀과 삶에서 경험하고 느낀 깊고 풍요한 영성을 글로 써서 생활신앙의 안내를 보여 줍니다. 또한, 민 목사님은 교단과 사회의 성화를 위해 예언자적 소리를 들려주고 있습니다.
　누구나 정의를 말하고 개선을 요구하기 어려운 일이지만 민 목사님은 언제나 따뜻한 화해와 희망의 이야기로 우리를 깨우치고 있습니다. 민 목사님은 성실한 목회자로서 기도와 묵상에서 얻은 맑은 영감의 이야기를 책으로 엮어 인생을 안내하고 교회와 사회를 깨우쳐 줍니다. 계속하여 유익하고 신선한 글을 써내시기를 바라면서 많은 사람에게 일독을 권합니다.

추천사 3

강문호 목사
충주 봉쇄수도원 원장

한 송이 국화꽃을 피우기 위해 소쩍새는 봄부터 울었습니다.
민돈원 목사님은 특별하고 탁월한 목회자입니다.
남다른 눈으로 사건을 보아 왔습니다.
독수리 눈처럼 다른 사람이 보지 못하는 것을 보고 있습니다.
성자의 눈처럼 그 사람의 장점을 보고 칭찬의 글을 여기저기 많이 올려 주었습니다.
민 목사님의 이 글을 먼저 읽으면서 어떻게 이런 말이 나올 수 있을까 놀랄 때가 종종 있었습니다.
8년 정도 흩어져 있던 금쪽같이 귀한 글들을 모았습니다.
민 목사님의 무의식적 언어가 성경적 배경인 것을 보면 그에게 진하게 물들여져 있는 영성을 느끼게 합니다.
이 책을 들고 다음 책을 기다립니다.
민 목사님!
응원합니다. 다음 책은 더 좋은 책이 될 것입니다.

추천사 4

소 기 천 박사
장로회신학대학교 신약학 교수

　민돈원 목사님의 에세이는 일상의 소소한 것으로부터 사색을 시작하여 영원에 잇대는 상상력의 날개를 펴고 있습니다.

　간간히 에세이에 입체감을 주는 듯 주마등처럼 나타나는 사진들도 지나치기 쉬운 것들인데 민돈원 목사님의 손끝에서 맛깔나는 글로 소중함을 불러일으킵니다.

　추억은 그냥 지나간 기억이 아닌 것처럼 민돈원 목사님의 에세이는 우리가 잃어버리기 쉬운 일상의 모든 것에 아름다움과 의미를 부여합니다.

　목회자의 삶이 다른 이들의 필요에 의해서 작은 것의 아름다움을 놓치고 무감각하게 살기 마련인데, 민돈원 목사님은 이 에세이를 통해 모든 것이 살아서 우리 주위를 풍요롭게 한다는 사실을 일깨우고 있습니다.

　일상에서 무료함과 무기력에 빠진 이들에게 민돈원 목사님의 에세이는 삶의 생기와 감사를 회복시켜 줄 것으로 여기며 모든 이에게 일독을 추천합니다.

추천사 5

황 선 우 박사
총신대학교 구약학 교수

    오래전 창조문예 수필가로도 등단하신 민돈원 목사님의 신앙 에세이집 출간을 진심으로 축하드립니다.
    이 에세이는 민 목사님이 지난 7년 8개월간 인터넷 신문 「KMC 뉴스」의 고정 칼럼니스트로서 〈민돈원 목사와 차 한잔〉이라는 제목으로 올린 글 가운데 60편의 글을 뽑아 엮은 것입니다. 칼럼 명처럼 이 책을 책꽂이에 꽂아 놓고 차 한잔하며 한 편씩 읽어 나간다면 삭막한 세상살이 가운데 잔잔한 미소를 지으며 훈훈함을 느낄 수 있으리라 생각합니다.
    민 목사님을 처음 만났을 때 목사님을 감리회거룩성회복협의회 사무총장으로 알게 되었고 그때 제게 각인된 목사님의 이미지는 선한 용사이셨습니다. 그런데 목사님의 글을 한 편, 한 편 읽어 가며 민 목사님이 천상 목사라는 생각을 했습니다.
    성도를 향한 따뜻한 사랑, 성경의 렌즈로 일상을 바라보는 혜안, 교계의 거룩성을 회복하고 사회의 잘못을 바로잡으려는 목사님의 몸부림, 하늘에 속한 사람으로 살아가는 행복이 이 책에서 고스란히 묻어납니다.
    일상의 묵상을 고대하는 독자들에게 이 책은 또 하나의 선물입니다.

추천사 6

황 경 애 사모
자녀 교육 전문강사

 목사님의 글을 읽노라면 29년간 목회현장의 생생함이 전해져 옵니다. 아름다운 미담과 때로는 목회자로서의 아픔과 기쁨과 슬픔까지도 고스란히 녹아 내린 진솔함이 느껴져 가슴이 뜨거워집니다. 오랜 경험을 가진 목회자로서 깊은 영성과 올곧음이 글에서 그대로 녹아납니다. 솔직 담백함과 시정적 필체로 독자들로 하여금 하나님의 사랑을 느끼게 합니다.
 이 글을 읽는 이들로 하여금 하나님을 만나고 경험하게 될 것을 확신하며 추천사를 쓰게 됨을 영광으로 생각합니다. 진심으로 감사 드립니다.

민들레와 마중물

Dandelion & Pumping water
Written by Don-Won Min
All rights reserved.
Korean Edition Copyright ⓒ 2023 by Christian Literature Center, Seoul, Korea.

민들레와 마중물

2023년 7월 30일 초판 발행

지 은 이 | 민돈원

편   집 | 전희정
디 자 인 | 박성숙
펴 낸 곳 | (사)기독교문서선교회
등   록 | 제16-25호(1980. 1. 18.)
주   소 | 서울특별시 동대문구 천호대로71길 39
전   화 | 02-586-8761~3(본사) 031-942-8761(영업부)
팩   스 | 02-523-0131(본사) 031-942-8763(영업부)
이 메 일 | clckor@gmail.com
홈페이지 | www.clcbook.com
송금계좌 | 기업은행 073-000308-04-020 (사)기독교문서선교회
일련번호 | 2023-78

ISBN 978-89-341-2581-5 (03230)

이 책의 저작권은 저자와 (사)기독교문서선교회가 소유합니다.
신저작권법에 의하여 한국 내에서 보호받는 저작물이므로 무단 전재와 무단 복제를 금합니다.

민돈원 두 번째 신앙 에세이

민들레와 마중물

민 돈 원 지음

CLC

 목차

추천사

이후정 박사	감리교신학대학교 총장	1
김진두 박사	감리교신학대학교 전 총장, 석좌교수	3
강문호 목사	충주 봉쇄 수도원 원장	4
소기천 박사	장로회신학대학교 신약학 교수	5
황선우 교수	총신대학교 구약학 교수	6
황경애 사모	자녀 교육 전문강사	7

저자 서문 ... 15

1. 목사님, 보증 서 주세요 ... 17
2. 12년째 받아 보는 사랑의 고추 ... 21
3. 늦둥이 낳기 운동 ... 25
4. 부적을 소각해 드립니다 ... 28
5. 은혜받으면 내놓아도 행복하다 ... 31
6. 가장 큰 추수 감사 열매 ... 35
7. 양말 기워 신어도 행복한 목사 ... 39
8. 살구나무를 보면서 ... 43
9. 주민등록초본에 24번 이사 ... 47
10. 부친 천국 환송 예식 ... 50
11. 결빙된 하수구, 꽁꽁 얼어붙은 마음의 해빙 ... 55
12. 헌금 실수 해프닝? ... 59
13. 커터 칼이 주는 교훈 ... 63

14. 전학 안 갈 거예요!   67

15. 교회 옥상에 참새 둥지   71

16. 진한 감동이 있는 가정 심방   75

17. 신발 방향만 바꿔 놓아도 …   78

18. 들리지 않는 설교로 시간 고문(?)한 목사   82

19. 강화 들녘에서 두루미를 보는 낭만   85

20. 귀도 잡수신다(?)   88

21. 밤 좋아한다고 했더니   91

22. 강단 펌프와 마중물   94

23. 고목나무가 들려주는 생명의 소리   97

24. 어린아이는 문턱도 힘들다   100

25. 목사는 출퇴근이 따로 없는 앰뷸런스?   103

26. 하나님을 은퇴시키지 말라   107

27. 안색(顔色)이 살색이다   110

28. 민들레와 참새 같은 신앙이어라   113

29. 화상은 입었으나 화재 진화   117

30. 섬찟한 일이 있어도 티가 나지 않는 목회   122

31. 개근이 없어지는 학교, 교회   125

32. 나는 기록한다 고로 나는 존재한다   128

33. 잘못하여 자른 호두나무로 인해 생긴 일   132

34. 무한 책임과 무한 존경   137

35. 해마다 이때가 되면   140

36. 코로나로 보석같이 빛나는 부부   144

37. 심방 중 내 평생 처음 듣게 된 특종 소식   149

38. 아빠 들어갈 수 없어요! ... 152
39. 관심을 두니 변신한 유초등부 예배실 ... 155
40. 역병 속에서도 평온한 심방 ... 158
41. 잊지 못할 이런저런 사연들 ... 161
42. 기도공명(祈禱共鳴)이 일어나는 기도회 ... 165
43. 비가 와서 매실수확 대박! 그런데 궂은날? ... 169
44. 목사 가운에 담긴 속정(情)의 목회현장 ... 172
45. 예수님이 노숙자래요! ... 175
46. 교회 분위기도 메이크업 ... 179
47. 단체 기합 ... 183
48. 목사님 알아서 쓰세요 ... 188
49. 건축헌금으로 드린 각종 패물(佩物) ... 193
50. 길 없는 곳에 길 내는 자 ... 197
51. 심방 때 봉투가 촌지(寸志)인가? ... 200
52. 모르는 게 약이 아니다(?) ... 203
53. 벌의 틈새 죄의 틈새 ... 206
54. 믿음을 팔지 마세요 ... 210
55. 동요 속에 민족의 얼이 있다 ... 214
56. 당신은 맹꽁이야! ... 217
57. 지켜 주지 못해 죄송해요 ... 221
58. 멋모르고 처음 해 본 32시간의 중노동 ... 224
59. 격식 파괴의 결혼 풍조 ... 227
60. 열차로 60시간 타고 온 신학생들 ... 230

저자 서문

🍃 필자는 지난 2015년 4월 25일부터 지난 2022년 12월 31일까지 7년 8개월간 감리회 인터넷 신문 「KMC뉴스」의 고정 칼럼인 "목회현장 이야기"에 〈민돈원 목사와 차 한잔〉이라는 제목으로 매주 연재해 왔습니다. 그리고 지금까지도 계속 그때그때마다 떠오르는 단상을 메모하여 두었다가 다양한 주제로 글을 쓰는 일을 즐기고 있습니다.

예컨대, 그중에는 목회현장에서 일어난 미담과 감동을 주는 것들 가운데 잊혀지고 간과하기에는 아까운 정겨움을 글로 남기고 싶었습니다. 그래서 그런 미담들을 다음 세대에도 훌륭한 신앙 유산으로 전해 주어야겠다고 생각했습니다. 이 에세이집은 바로 그런 내용을 위주로 모은 신앙의 역사적 기록물입니다. 그런가 하면 산과 들을 거닐며 일상 생활 속에서 포착하여 묵상하게 된 소재들도 있습니다.

교회 안팎에서 일어난 애증(愛憎)도 있습니다. 목사로서의 정체성, 교회 지도자들에 대한 내용도 다뤘습니다. 그 밖에 불신자들과의 접촉점을 마련할 수 있는 사회적 핫 이슈 등 현장 중심의 애환들을 리얼하게 기술하고자 나름대로 노력한 글들입니다.

어떤 때는 새벽기도를 마친 후 떠오르는 영감 몇 줄을 메모해 둔 그것들이 단초(端初)가 되었습니다. 그리고 지체 없이 목양실에서 그날 원고 전송을 위해 쓰다 보면 아침을 거르고 점심때가 되어서야 완성하기가 비단 한두 번이 아니었습니다. 그런가 하면 어느 날은 오후에 글쓰기를 시작하여 새벽기도회 인도 직전에야 글을 완성한 적도 있습니다. 이처럼 꼬박 밤을 지새우기도 한 해산의 수고와 같은 고충도 녹아 있습니다.

이렇게 해서 이 책이 나오기까지 감사한 분들이 많습니다. 글을 쓸 때면 식사 시간도 거르거나 지키지 않는 남편에게 투정하지 않고 묵묵히 내조해 준 아내 이갑선, 아빠로서 소홀할 수밖에 없던 두 아들, 모세와 수영에게 고마움과 미안함이라는 두 마음을 갖게 됩니다. 늘 은혜를 사모하는 근래 보기 드문 믿음의 부부로서 물질로 큰 힘이 되어 주신 김형부, 간현숙 님에게 감사합니다.

특별히 이 책이 출간되도록 필자를 잘 알기에 가까이서 조언해 주시고 추천사까지 보내 주신 석학 김진두 목사님, 무한 경쟁 시대 대학행정의 중차대한 사명 감당하시느라 공사다망한 중에도 추천사를 써 주시되 저에 대한 과찬을 아끼지 않으신 이후정 총장님, 지구촌 수도원을 몸소 섭렵한 후 개신교 영성의 선봉에서 수도원을 세우신 충주 봉쇄수도원 원장 강문호 목사님, 신약학자로서 한국 교회가 처한 심각성에 몸소 앞장서심에 공감하여 계속 교분을 갖게 된 소기천 교수님, 역시 동성애 문제를 구약학자로서 명쾌한 강의를 해 주신 계기로 친분을 나누게 된 황선우 교수님, 그리고 삼남매를 빌 게이츠 200만 불 장학생으로 키우시고 온 지구촌을 다니며 강의하는 세계적인 자녀 교육 강사 황경애 사모님 등 각 방면에서 활동하시는 전문가들의 품격 높은 추천사에 충심으로 감사드립니다.

이와 같이 각 방면에 최고 명망 있는 분들의 추천사는 필자에게 힘과 용기를 불어넣어 주었습니다. 이에 바라기는 이 두 번째 에세이집 출간을 통해 애독자들 모두에게 미력이나마 신앙의 긍정 마인드와 도전정신, 그리고 이 시대 교회가 대응할 과제 앞에 거룩한 고민을 나눔으로써 교회가 세상의 보루요 희망이 되기를 기도합니다.

1

목사님, 보증 서 주세요

🍃 성도들이 행복하면 목사도 행복하고 목사가 행복하면 성도 역시 행복하다는 것쯤은 어쩌면 목회현장의 몇 안 되는 공식과도 같은 금언이 아닐까 싶다.

물론 신앙의 궁극적 목적이 단지 일개인의 행복에 머무는 차원을 넘어서지만 그럼에도 불구하고 소소하지만 흐뭇한 실화를 경험한 입장에서 보면 충분히 공감하고도 남음이 있다.

따라서 목회자는 성도들과 정상적인 목양 관계 속에 있는 한 성도들의 살아가는 전반적인 삶에 대해 자신의 가정 이상으로 돌봄과 지극 정성으로 기도하지 않을 수 없는 것이 사실이다.

그러기에 성도가 웃으면 목회자도 웃고 성도가 울면 목회자도 그에 못지않게 눈물로 사는 게 지울 수 없는 감정이다.

어느 날 부임한 교회에서 수요예배 설교를 마치고 성도들이 모두 집으로 돌아간 후 혼자 남은 권사님이 계셨다. 그는 밤에 혼자 예배당에서 통성으로 간절히 기도하셨다. 이 일은 늘 예배 후 계속되었다. 그 권사님은 3남매와 함께 사는 분이었다. 조그만 음악학원을 운영하면서 근근히 자녀들을 잘 키워 두 딸은 직장을 다니고 있었고 집에 남은 아들이 학교 다니기에 뒷바라지 하느라 힘들 텐데 50대 초반인 권사님은 배움의 열정이 대단하여 대학 4학년에 다니는 만학도이셨다.

그의 신앙도 살아가는 것만큼이나 열정이 돋보였다. 기도 제목은 다름 아닌 남편과의 관계였다. 남편은 당시 같은 교회는 아니었으나 가까운 곳에서 신앙생활을 하고 있는 분이었다. 그러기에 권사님의 핸디캡이요 무거운 짐은 이혼한 남편과의 관계 회복이었다. 문제는 남편이 어떠했는지를 아는 자녀와 그의 친정 식구가 재결합을 결사반대(?)한다는 것이었다. 그렇지만 권사님에게는 이 모든 것을 무릅쓰고 남편과 가정을 회복하는 것이 매일 새벽, 매 예배 이후 개인적인 큰 산과도 같은 기도 제목이었다.

그리고 또 다른 50대 가정의 부부 권사님 역시 비슷한 입장이었다. 이 권사님 두 분도 같은 지역에 살며 우리 교회에 다니는 분들인데 남편의 빗나간 외도로 헤어진 부부였다. 그러나 각각 다른 직업을 가지고 나름대로 열심히 사는 분들이었다. 그러면서도 예배는 함께 교회에서 드리기에 종종 얼굴을 보고 지낼 만큼 남남은 아니었다. 그러나 함께하기 힘들 만큼 오랜 세월 헤어진 삶이 오히려 자연스러우리만치(?) 사는 분들이었다.

1년 남짓 지난 어느 날이었다. 이미 사전에 만남을 통해 논의를 거치고 이전 교회와 이명 절차를 다 마친 후 다른 교회에서 신앙생활 하던 음악학원 권사님의 남편이 같은 교회로 돌아왔다. 그런 그 남자 권사님은 말없이 충성하였다.

이 두 분이 내게 찾아왔다. 그리고 시청에 제출할 서류를 보이면서 말했다.

"목사님 보증 좀 서 주세요."

'이런 보증이야 백 번이라도 서 주지 …' 하는 기쁜 마음으로 도장을 찍어 주었다. 고맙게도 이들은 수년 만에 다시 한 부부가 된 것이다. 그런 후 이들에게는 금상첨화 좋은 소식이 들려왔다. 지금까지 친정집에 얹혀 살다시피 하여 한 번도 자기 집을 가져 보지 못한 이 권사님 부부에게 아주 좋은 빌라 24평짜리 내 집을 마련하게 된 것이다. 그런데 그 집이 우리 교회 또 다른 권사님 이혼 가정이 내놓은 집이었다. 그런 집이고 서로의 사정을 아는 이들이기에 저렴하게 구입할 수 있게 된 것이다. 입주하기 전에 새집처럼 다시 수리하고 나서 드린 감사예배의 순간은 잊을 수가 없다.

그런데 더 놀랍고 기쁜 소식이 있었다.

어느 날 또 다른 이혼 가정의 여 권사님이 또 우리 부부를 근사한 일식집 식사 자리에 초대했다. 그 자리에는 그들 부부가 함께 배석했다.

그 여자 권사님이 멋쩍은 듯하면서도 환한 모습으로 말을 꺼냈다.
"목사님, 우리 다시 합했습니다. …"

그리고 이들은 그 살던 집을 팔고 새로이 아파트로 이사했다.

남편 권사님은 지금까지 하지 않던 십일조를 매주 드리는 신앙으로 하나님께 돌아왔다(말 3:7-10, 하나님께 돌아왔다는 의미로 기록되고 있음). 가정이 회복되니 신앙도 회복되었다. 가정과 신앙은 무관하지 않음을 보여 준다.

어느 CF 광고 문구가 생각난다. 아마 이럴 때를 두고 하는 말이 아닐까 생각해 본다.

"이보다 더 좋을 수는 없다!"

성도의 행복이 목사의 행복으로 전이되는 것만 같았다. 비단 나막신 장수와 우산 장수와 같이 어느 한쪽만의 기쁨과 좋음이 아니었다. 모두 승-승하는 기쁨이었다. 더 나아가 제3자가 보아도, 들어도 신나는 소식이요, 마음껏 박수해 주고 싶은 소식임에 부족함이 없다.

이처럼 목회하면서 가장 보람 있는 일을 꼽으라고 한다면, 비록 저마다 손꼽는 기준이 다르겠지만, 나의 목회경험으로 가장 기쁘되 누가 들어도 기쁘고 언제 생각해도 보람 있고 기억에 남는 몇 가지

중에 하나가 이 두 부부의 일이다.

　이 두 부부는 그 내용에 있어서 과정이나 상황은 좀 달랐지만 결과는 이혼에서 재결합이란 동일한 결실을 맺었다. 약 10여 년 가까이 지난 최근에 잘 사는지 궁금해서 전화 통화해서 확인한 결과 아주 잘 살고 있다는 소식에 감사할 따름이다.

　불신자 전도 결실 이상으로 그 기쁨이 큰 것은 말할 나위도 없다. 기도를 계속하던 중에 일어난 일이었다. 그래도 주님을 떠나지 않고 인간적 방법이 아닌 믿음 안에서 일어난 일이었다. 그렇기 때문에 이는 하나님의 전적 은혜이다. 이런 재결합 가정으로의 회복 운동이 교회 안에서 먼저 일어나 전국에 요원(燎原)의 불길처럼 퍼져 가기를 기도한다.

2

12년째 받아 보는 사랑의 고추

🍃 경남 진주 공군교육사령부가 위치한 속사리라는 지역은 현재 혁신도시로 많은 건물이 들어서 있지만 혁신도시가 들어오기 전만 해도 전국에서 속사고추(사진)로 유명한 대단위 집단 고추 비닐하우스 단지였다. 한 농가당 평균 600평짜리 세 동 정도의 하우스를 경작하던 곳으로 각 농가의 일등 효자 종목이었다.

그러나 12-3년 전 그 지역 전체 200만 평이 혁신도시로 발표되면서 대대로 경작해 오던 자신의 땅 내지는 임대해서 고추 재배를 해오던 적잖은 하우스 농가들이 그 땅을 혁신도시에 내주었다. 그리고 이분들은 눈물을 머금고 다시 가까이, 때로는 멀리 동종의 고추 비닐하우스를 경작하기 위해 새로운 농지를 구입하여 하우스 농사를 계속하고 있다.

2005년~2011년까지 바로 그곳 속사리에서 목회하던 교회에도 두 장로님 부부를 비롯한 중심 멤버들이 그곳을 떠나 지금도 다른 지역에서 하우스를 세 동 이상 경작하고 있는 분들이 많다. 난생 처음 농장에서 갓 따온 상품 가치로 손색없는 고추가 식탁에 올라와 먹어 보던 그 경험은 어디서도 맛보기 힘든 매우 상큼하고 차별화된 맛으로 기억된다.

그곳에서 목회할 때 그런 고추(녹광, 청양)를 비롯하여 피망, 파프리카가 수확철만 되면 감사하게도 거의 식탁에서 끊어지지 않을 정

매년 보내 오는 싱싱한 고추

도로 마음껏 먹을 수 있었던 싱싱한 최고의 먹거리였다.

그곳을 떠나온 지 거의 12여 년이 되어 간다. 그런데도 우리 가정은 해마다 역시 농장에서 갓 생산한 그 고추를 지금도 여전히 먹을 수 있다.

왜냐하면, 추수감사절 시기가 되면 첫 수확이 시작되는데 꼭 이때쯤 당시 가장 신실한 분 중 한 가정이었던 그 교회 권사님 부부가 자신들이 재배한 상품과 똑같은 1박스(10kg, 사진)를 한 해도 거르지 않고 지금까지 10여 년째 지극 정성의 마음을 담아 택배로 보내 오기 때문이다. 너무나 고맙고 신실하여 감동을 자아내게 하는 분들이다.

그곳에서 목회할 때는 여러 가정에서 한 박스씩 가져오면 우리가 먹는 양이 얼마 많지 않기에 그 박스 채 전국에 아는 선배 목사님들에게 교우들 가족 이름을 일일이 기록하여 기도해 달라는 쪽지를 함께 넣어 보내던 좋은 추억이 생생하다.

지금은 한 박스일지라도 잔뜩 채워 보내기에 양이 많아 아내는 우리 교우들에게 싱싱한 맛을 보라고 다시 선물하는 재미가 있다.

목사의 보람은 교회에 처음 발을 옮긴 후 주님과는 관심 없고 심지어 무시하던 사람이 삶의 주도권을 주님께 넘기고, 교회에서 잘 섬기고, 사회에서도 복음의 능력을 지니고 영향력 있는 자리에서 더 잘 섬기는 일을 기쁨으로 감당하는 모습을 볼 때가 아니겠는가?

그리고 또 하나의 보람이라면 이 부부처럼 비록 내가 섬기던 교회는 떠났을지라도 함께 있을 때 서로 존경하고 신뢰하는 영적 스승과 제자의 관계가 되면 이렇듯 서로 헤어져 얼굴을 보기 힘들지라도 마음과 마음으로 이어지는 주님 안에서의 영적 친밀감이 이런 정성스런 모습으로 나타나는 것 아닐까?

이런 교회가 성경에 나온다. 바로 믿음의 소문이 마게도냐와 아가야까지 퍼져 나갔던 데살로니가 교회다. 바울이 그들에게 쓴 편지를 통해 알 수 있다.

> 지금은 디모데가 너희에게로부터 와서 너희 믿음과 사랑의 기쁜 소식을 우리에게 전하고 또 너희가 항상 우리를 잘 생각하여 우리가 너희를 간절히 보고자 함과 같이 너희도 우리를 간절히 보고자 한다 하니(살전 2:17).

사는 것이 편리해져 가고 있다고 마음이 평안한 것만은 아님을 우리는 피부로 경험하고 있다. 세상이 삭막해져 가는 이 시대 교회마저 이런 프레임에 짜 맞춰져 가고 있는 건 아닌지 나 자신과 동시에 가까운 우리 주위부터 살펴보고 그 실마리를 찾아야 할 때이다. 그래도 주님이 말씀하신 "내 교회"(마 16:18)만 된다면 교회는 이 시대 진정한 희망의 보루가 되기 때문이다.

3

늦둥이 낳기 운동

🌿 그다지 먼 이야기도 아닌 것 같다. 골목마다 어린이들로 넘쳐 나던 우리나라가 어느 때부터 빗나간 사회과학적 접근에서 비롯된 예측으로 인구감소 정책을 전 국민의 뇌리에 각인하기 시작했다. 1962년 당시 보건사회부에서 최초 산아제한 정책을 발표했다. 그때 산아제한 정책 슬로건을 보면 얼마나 자극적이었는지 알 수 있다.

"덮어놓고 낳다 보면 거지꼴을 못 면한다."

1970년대에 들어와 산아제한이 국가 시책이 되었다. 그때 구호가 이렇게 바뀐다.

"둘만 낳아 잘 기르자."

그러다 1980년대에 들어와 이 가족계획 캠페인은 또 다시 바뀐다.

"둘도 많다."

"한 가정 사랑 가득, 한 아이 건강 가득"

심지어 예비군 훈련장까지 찾아와 정관수술을 적극 권장하기에 이르렀고 정관수술을 한 예비군에게는 훈련을 면제해 주고 빵과 우유도 제공하는, 지금에 와서 보면 웃지 못할 개그콘서트와 다를 바 없는 일이 벌어졌다.

그런데 30-40년이 지난 지금에 와서는 어떻게 달라졌는지 격세지감을 실감케 한다. 이에 따른 여파로 학교 폐건물이 늘어나기 시작했다. 이미 대도시 몇몇을 제외하고는 농어촌 초등학교의 경우 통폐

합에도 불구하고 대부분 전교생이 면 단위 경우 한 클래스 학생수에도 훨씬 못 미치는 학교가 태반이다. 심지어 학년마다 한 자리수로 간신히 명맥만 유지하고 있다. 자기 모교가 사라지고 폐건물로 덩그러니 남은 곳들이 적지 않다.

이제 와서 급기야 출산율이 저조하다고 각 지방자치마다 약간 차이는 있지만 인구증가를 위한 출산 축하금, 출산 장려금, 임신에서 출산까지 진료비 지원 등 별의별 정책을 만들어 다자녀 낳기를 권장하기에 이르렀지만 크게 달라진 바 없다. 그뿐만 아니라 지방자치단체장들은 전출자를 억제하고 전입 인구 늘리기에 해당 도시 자체의 선심 정책들을 제시하고 있다.

이런 다양한 노력과 정책을 세워 시행하고 있음에도 불구하고 역시 인구가 늘지 않는 것은 마찬가지이다. 현재 살고 있는 이곳을 보더라도 인구가 줄고 있다. 이런 현상은 대부분 시, 도가 겪고 있는 현실이다.

이와 같은 가장 근본적인 요인으로는 결혼 기피현상 내지는 한 자녀 낳는 데 그치는 저조한 신생아 출산율 때문이다. 게다가 전통적 가족 개념의 파괴와 결혼의 신성함 상실, 동성애 동성혼 등 복잡한 사회 제 문제 등 다원화된 사회에서 나타나는 잘못된 시대 사조인 이런 병폐를 따름으로써 저출산율을 부채질하고 있다.

그럼에도 불구하고 지난 2015년 1월 우리 가족은 우리나라 인구에 공헌하는 일을 했다. 세 명이던 우리 가족이 네 명으로 늘었는데 그것은 주님께서 첫째를 낳은 후 14년만인 1월 16일 건강한 둘째 아들을 선물로 주셨기 때문이다.

둘째 아들 이름을 정하고 지난 1월 29일 동사무소에 출생 신고를 했다. 담당 직원이 등록기준지를 어디로 할 거냐고 묻기에 그 의미가 무엇인지 되물었더니 본적과 같은 뜻이라고 답변한다. 그러면서 대개는 부친의 본적을 따라간다고 했지만 둘째의 본적을 당시 제천시 교회 주소로 등재했다.

출생신고를 하고 동사무소를 나서면서 혹자들이 양육비, 교육비 등이 어쩌니 하며 도움 안 되는 염려거리로 품위 없게 말하는 것과는 달리 나만의 뿌듯하고 자랑스럽다는 느낌이 들었던 건 외동아들로 끝날 뻔했던 우리 가족이 두 자녀를 둘 수 있었기 때문이다.

가장 확실한 교인의 증가로 교회의 기쁨이기도 하다. 늦둥이를 본 후 성도들에게 웃자고 한 말이 있다.

"여러분, 제 아내(당시 47세)보다 나이 적은 분들은 오늘부터 하나씩 더 낳으십시오."

앞서 언급한 시골 학교처럼 폐교되는 전철을 교회 역시 밟지 않기 위해서라도 이젠 불신자 전도 운동과 병행해 '한 자녀 더 낳기 운동'을 누구보다 교회가 앞장설 때가 아닐까 싶다.

4

부적을 소각해 드립니다

🌿 흔히들 목회자에게는 세 가지 방이 있어야 한다고 말한다. 이를테면 기도의 골방, 공부하는 책방, 그리고 성도 심방을 두고 하는 말이다. 통상적으로 교회를 담임하는 목회자들은 춘계와 추계 두 차례 정기 심방을 하지만 그 외에도 새가족이라든가 특별한 일로 가정을 심방하여 성도들의 가정을 돌보는 데는 시간과 계획을 초월해야 할 때가 있다.

오래전 목회했던 교회에서 있었던 일이다.

교회에 처음 등록한 60대 여성 새가족이 있었다. 심방 요청을 받고 여러 명의 심방 대원과 함께 그 집을 찾았다. 그런데 이 집 심방은 단순히 예배만 드리고 차 마시며 교제 나누는 것으로 끝나는 여느 심방과는 좀 달랐다. 왜냐하면, 이 집 심방의 중요한 이유는 장손 가정의 며느리로서 교회 등록 전까지는 60이 넘도록 타 종교를 지성으로 믿어 왔고 한 번에 천 배까지 할 만큼 열심 있는 분이었기 때문이다.

그런 분이 예수님을 믿게 되었으니 이제 집에 있는 신주단지, 달마 그림 액자, 찬불가 등을 목사님이 오셔서 정리해 달라는 것이다. 이런 막중한 임무를 띠고 갔으니 여느 심방과 달랐던 것이다.

예배 후 장롱 위에 있는 신주단지(그 속에 쌀, 돈이 들어 있음)부터 밖으로 가지고 나가 소각하기 시작했다. 이어서 액자와 찬불가, 부적

등 거기에 연루된 물건들을 모두 소각하였다.

　교회 등록한 지 불과 얼마 안 되어 마음에 꺼림직한 것들을 깨끗이 정리한 이후 지금까지 그 교회에서 올곧게 신앙생활 잘하고 있어 감사할 따름이다.

　또 그 이후에 등록한 이와 유사한 우리 교회 새가족 집을 심방하게 되었다. 새가족을 전도한 집사님이 센스 있는 영감을 가진 분이라서 새가족과 대화하던 중 하나님이 주신 감동으로 이런 말을 건넨 것 같다.

　"혹시 집에 부적이 있으면 다 내놓고 목사님 심방 받을 때 처리해 달라고 말씀드리세요."

　이렇게 해서 몇 분의 심방 대원과 함께 그 집을 방문했다. 새가족은 심방을 위해 친구 만나러 간다는 두 아들(중,고생)도 대기시켜 놓을 만큼 순종과 순수한 열망을 가진 분으로 고맙게 느껴졌다.

　예배 후 이 가정을 위해 축복하며 어둠의 영들을 묶고 선포했다. 그리고 집을 나설 때 신발장에 1년 이상 묻어 둔 부적을 건네받아 소각했다. 나중에 그 부적을 어떻게 갖게 되었는지 배경을 물었더니 이런 내용이다.

　3재(災) 띠 부적이란다. 즉, 큰아들, 남편, 새가족인 부인까지 세 명의 일이 다 잘 풀리지 않아서 잘 풀리려면 부적을 집에 두어야 한다고 한 지인의 소개로 33만 원에 써 온 부적이었다.

　그런데 지난해 또 다른 무속인이 그 부적을 보더니 "이건 아니다"라고 했단다. 말하자면, 짝퉁 부적이라는 말이었다. 그들 세계에도 감정이 있나 보다. 그 이후 두려워 함부로 버리지도 못하고 고민 끝에 신발장에 두었는데 자신을 전도한 집사님이 문득 부적 이야기를 하길래 1년 전에 신발장에 둔 부적이 생각났다는 것이다.

부적을 소각하면서 무속인에게서 받은 빨간 지갑, 그 지갑으로 돈이 들어온다는 의미로 넣어 보관 중이던 1,000원짜리 지폐 세 장 등을 말끔히 소각했다.

그리고 이 가정의 남은 가족도 예수 믿게 됨으로써 하나님께 귀하게 쓰임 받는 여호와 샬롬의 가정이 되기를 기도하였다.

내친김에 혹여 이런 가정이 또 있을지 몰라 부적 폐기가 두려워 집안에 숨겨 두거나 방치한 분들이 있다면 그런 부적들을 소각하는 특별 심방 접수를 받는다고 광고라도 해야 할까 보다!

5

은혜받으면 내놓아도 행복하다

🍃 국립소록도병원에서 현재까지 27년간 환자를 진료하고 있는 공중보건의에 대한 기사를 접한 적이 있다. 그러면서 앞으로 그는 퇴직한 이후라도 오지에 가서 이런 일을 계속하고 살리라는 그의 존재 가치의 삶이 주는 감동을 언급했다. 그러면서 목사인 나의 예측 가능한 노후 대책도 어떠해야 할지를 생각하게 되었다.

지난해 연말(2022.12.26-27)에는 내가 활동하고 있는 '감리회거룩성회복협의회'(감거협) 실행위원들만의 행사가 있었다. 1박 2일의 일정으로 한 수련원에서 15명이 참석하여 자체 역량 강화를 위한 세미나와 함께 세 가지 주제를 가지고 Q&A 방식의 워크샵을 가졌다.

우리 모임의 구성원들 특징이 전국구다. 이에 포항, 울산, 임실, 대전, 세종, 음성, 서천, 강화, 그리고 서울 등 각기 다른 지역에서 집합하였다. 이 행사가 이틀간 은혜롭고 풍성하게 잘 진행되었다.

특히, 재정적으로도 두 분의 공이 크게 작용하였다. 한 분은 행사 장소를 제공한 우리 실행위원이다. 그 교회 수련원이기에 모든 경비(침식, 식사, 간식 등)를 일체 부담하여 섬겨 주심으로 뜻깊은 행사가 될 수 있었다.

그리고 또 다른 한 분은 귀감이 되어 오늘 이 지면에 소개하고자 하는 분이다. 이분은 이전에 내가 섬기던 교회 성도다. 부부가 잘 섬겨 왔기에 특별한 애정을 가지고 나도 잊지 못하는 분이다.

그날도 감거협 행사가 있다고 하자 우리 참석자들 모두에게 첫날 저녁 식사와 커피샵 비용까지 대접했다. 게다가 두둑한 후원금 봉투까지 내밀었다. 지난번에도 우리 감거협 활동에 써 달라고 후원금을 기부한 적이 있는 귀한 분이다. 그런데 이번에도 또 도와드릴 것 없느냐고 행사 전부터 묻더니 적극적인 관심을 보이게 된 데는 그럴 만한 평범하고 참신한 이유가 있다. 그것은 곧 길지 않은 세월, 교회에서 내게 받은 은혜를 잊지 못하고 있기 때문이다.

당시 매 주일 한 차례 중보기도훈련학교를 이 부부를 대상으로 실시했다. 16주 코스를 2단계로 나눠 실시하는데 8주 1단계만 마친 분이다. 그때 기도 훈련은 물론 통성기도, 새벽기도, 순종, 성경 읽기 및 요절 암송, 예배 훈련, 물질관, 시간 훈련, 성품 훈련, 섬김, 전도 등 가장 기본적인 것들을 훈련받은 분이다.

이 부부는 시간 시간마다 출석했다. 겸손하게 배우고 따랐고 갈급한 마음으로 사모했기에 스폰지처럼 흡수력이 누구보다도 높았다. 그때 은혜를 받은 성도다.

그런 이분이 진즉부터 인근 산에 아주 좋은 땅을 구입해 놓았으니 나에게 그곳을 와서 보고 기도해 달라는 것이다. 그런 얘기를 듣고도 차일피일하다 이번에 마침 워크샵 장소가 그곳이어서 행사를 마치고 그 구입한 땅으로 가게 되었다. 이 성도는 그 산악 지대에 오를 수 있는 특수 지프 차량을 별도로 구입해 두었다. 왜냐하면, 아직 제대로 닦여진 길이 아니기에 일반 차량으로는 불가능했기 때문이다. 이 개조된 차량으로는 거뜬히 거의 정상 문턱까지 다다랐다.

도착해서 본 결과 몇 가지 사실에 놀랐다.

첫째, 땅의 크기가 2,100평이나 되었다.
둘째, 이곳까지 도로가 준비되어 있었다.

매입한 경치 좋은 산 2,100평

배수로를 설치한 모습

셋째, 임야가 아닌 전(田)으로 오래전에 화전민이 살던 흔적이 있었다. 우물이 보존되어 있는 곳이었다.

넷째, 무엇보다 거의 정상이기에 아래로 훤히 내려다 보여 산세(山勢)가 좋고 산에서 풍기는 공기는 최고였다. 뭔가 개발을 하려는지 하우스 뼈대도 설치한 상태다.

이런 곳을 이 성도는 내게 보여 주면서 말했다.

"목사님, 이곳에 기도원을 지으면 좋지 않겠어요? 은퇴하시면 같이 살아요. 또 마땅히 갈 곳 없는 목사님들도 …."

그 말만 들어도 마음이 확 트인 산처럼 유쾌하고 흐뭇하고 고맙다.

내가 도와 달라고 먼저 말한 것도 아닌데 그 누구도 못하는 후원금을 선뜻 내놓는 성도, 내 노후에 대해 일언반구 부탁한 적도 없는데 그 짧은 3년이 채 안 된 만남으로도 자신의 인생에 있어서 모범으로 삼을 정도로 나를 대우하는 성도, 신앙생활을 하다 궁금하면 항상 먼저 답을 하지 않고 내게 먼저 자문을 구하는 성도, 세상 욕심을 버리고 구차하게 살지 않되 받은 은혜를 기억하여 하나님 선한 사업에 우선하니까 더하여 주시는 은혜가 있는 성도 ….

그의 헌신에 지금 이 글을 쓰면서도 가슴이 울컥하여 눈물이 난다.

목사는 무엇으로 사는가?

사례비로 사는 게 아니라 하나님이 베푸시는 은혜(사람, 타이밍, 사건 등)로 산다.

성도는 무엇으로 행복해하는가?

통장에 쌓인 잔고가 아니다. 성도도 역시 하나님의 은혜와 복을 받아 섬기는 일로 행복해한다. 노아가 그러했고 요셉이 그러했으며 특히, 다니엘이 그러했다. 바울은 이것을 "은혜의 복음"이라고 말했다.

나는 이런 은혜받은 성도와 같이 자생력을 가지고 지극히 낮은 곳에서 각자 교회를 받들어 섬기는 분들이 한국 교회 곳곳에서 떨쳐 일어나 은혜의 파도, 은혜의 강물이 우리 한국 교회 안에 넘쳐 나기를 기도한다.

6

가장 큰 추수 감사 열매

🍃 최근 모든 교회의 속앓이이자, 앞으로 풀어야 할 현실적 과제 중의 하나는 지난 3년 가까이 지속하고 있는 예배자들의 급감이요, 심지어 이로 인한 교회학교 예배의 실종일 것이다.

내가 현재 교회에 부임하던 지난 2020년 1월 코로나가 언론에 회자되기 시작했다. 그리고 이것은 전국적으로, 나아가 전 세계 지구촌의 문제로 심각하게 번져 갔다.

급기야 우리나라 정부 당국은 극단의 조치를 취하면서 유달리 교회 예배 인원수 제한, 소모임 금지, 성경책 교회 내 비치 금지, 기도 및 찬양 금지, 식사 금지에서 결국 예배폐쇄 행정명령 등 초강수를 두었다. 그리고 이에 맞불을 놓은 메이저 언론을 위시한 거의 모든 언론은 교회를 범죄집단으로 연일 보도하기를 서슴지 않았다.

여기에 불행하게도 교회의 책임 역시 피할 수 없다. 왜냐하면, 소수 일부 교회를 제외하고 거의 모든 교회가 한술 더 떠 정부에 협조해야 하고 세상 사람에게 전도의 길이 막힌다고 하는 궁색한 변명으로 예배를 자진 포기하는 일이 속출하였기 때문이다. 결국, 한국 교회 예배당들이 텅텅 비기 시작했다.

정부는 1년쯤 지나 교회를 달래는 취지로 병 주고 약 주 듯 재난지원금을 영상시설 구축 등의 명목으로 지원한다고 신청하라는 공문을 몇 차례 직접 전한다거나 또는 우편으로 날렸다. 그 당시 나는 우리 교회에 공식적으로 신청하지 않겠다고 알렸고 실제로 단 한 번도 신청하지 않았다. 오히려 최근에 자체 예산으로 교회 행사용 방송 영상장비를 구축했다. 대신 모든 새벽기도회, 속회를 비롯해 주중에 드리는 모든 예배는 끄떡없이 정상적으로 드린다고 선포했다.

불만스런 교인이 없지는 않았겠지만 그래도 따라 주었고 그래서 지금에 와서 종종 언론에 보도하는 교회처럼 예배가 몇 퍼센트 회복되었다느니 하는 그런 통계를 이야기할 이유가 없다.

교회 예배 인원의 많고 적음의 문제가 아니다. 어찌 보면 목회철학의 문제요, 예배에 대한 성경적 관점과 신앙 전통 그리고 신조의 차이일 수 있다. 물론 여기에 대해서는 아직도 제각기 이런저런 자기 합리화로 중구난방(衆口難防) 이론이 있는 게 사실이다. 아마 후대 역사가 증명해 줄 것이다.

그러면서 이번 추수감사절을 맞았다. 늘 그렇듯이 강단에 장식하는 추수 열매들(주로 농산물)은 크게 다르지 않다. 추수감사절 헌금도 거의가 예년 수준을 벗어나지 않는다. 그런데 지금까지 지내 온 수년 전보다 이번 추수감사절에 크게 감사할 제목이 있다. 그것은 유초등부 예배가 코로나 전보다 더 잘 드려지고 있다는 것이다. 더욱 감사한 것은 중고등부 예배가 거의 10여 년만에 다시 부활했다는 점에서 가장 큰 감사의 제목이 아닐 수 없다.

한국 교회 추세가 전도해서든지 아니면 자진해서 오든지 새가족이 희박한 데다 잘 나오던 교인마저 전염병의 두려움에 사로잡혀 예배를 포기하는 이들이 늘고 있는 이때 이번 추수감사절 3주 전에 중고등부 예배가 복원된 것은 획기적인 일이요 큰 축복이다. 현재 중고등부 예배는 매 주일 오전 9시 반에 드려지고 있다. 특히, 이들은 주중에도 중1, 중3 학생들이 악기를 배우는 찬양학교가 있어서 중고등부 예배가 복원되는 데 큰 동기가 된 셈이다.

그러나 한편 다음 세대를 바라볼 때마다 총체적 신앙의 위기, 교육의 위기에 직면해 있음을 피부로 느끼게 된다. 게다가 교회는 여전히 뒷북을 치고 있고 교육현장은 이미 실패한 프랑스 6.8혁명과 같은 성혁명 이념에 물든 자들이 정책을 입안하여 시행하려는 움직임들이 만만치가 않은 불안한 시대다.

이런 점에서 교회 교육의 중요성은 너무 절실하다. 그러므로 교회학교 예배마저 쉽게 없애는 일은 기성 세대의 크나큰 잘못이다.

"아이들이 싫어하니까!"
"강요할 수 없으니까!"
"자율에 맡겨야 하니까!"

이런 말들은 구차한 변명이고 무책임한 악의 방조자와 다름없다. 우리는 돈도 있고 교육열도 높고 가르칠 자원도 많다. 하지만 단지 돈 가진 크리스찬이 제대로 쓸 줄 모르고 교육에 투자해야 하는 현 교육현장의 상황 파악과 인식이 부족한 탓도 주 요인이 아닐까 생각한다.

유초등부 예배

2022년부터 드리는 중고등부 예배

이제부터라도 현 상황 인식을 바로 파악하고 참여 의식을 갖자.
교회 교육에 물질도 투자하자.
몸도 헌신하자.
"주님!
한국 교회 특히 그동안 기성 세대 잘못으로 너무 쉽게 무너져 버린 각 교회 교회학교 유초등부, 중고등부 예배가 복원되게 하옵소서,
교회를 떠나 버림으로써 상실된 예배가 다시 회복되게 하옵소서!"

너희가 열매를 많이 맺으면 내 아버지께서 영광을 받으실 것이요 너희는 내 제자가 되리라(요 15:8).

7

양말 기워 신어도 행복한 목사

🍃 요즘 젊은이들 청바지 패션 중의 하나는 종아리 쪽이든 무릎이든 심지어 허벅지 부분이든 구멍 뚫린 바지 패션을 흔히 볼 수 있다. 일부러 찢어 놓은 것 같아 점잖은 분들이 처음 볼 때는 이해하기 다소 어려운 광경이다.

이같이 구멍 뚫린 패션이 양말 착용에도 적용될 수 있을까?

아직 그런 양말은 접해 본 적이 없다.

이에 양말 이야기를 하기 위해서는 내 오른쪽 발뒤꿈치 발바닥 이야기에서부터 시작해야겠다.

언제부터인가 각질이 있어서인지 오른쪽 뒤꿈치가 딱딱하다. 그러다 보니 새 양말이라도 몇 번 신다 보면 으레 그 부분에 구멍이 뻥 뚫리는 경험을 종종 한다. 어떤 경우는 그런지도 모른 채 심지어 강단에 무릎 꿇고 기도하다가 회중들에게 보이기도 했으리라.

그래도 그런 양말을 버리기가 아까워 손수 바느질하여 꿰매어 신는다. 그러다가 시간이 지나다 보면 아무래도 또 같은 곳에 구멍이 뚫어진다. 그러면 다시 꿰매어 신기를 반복하곤 한다.

궁상맞다고 할지 모르겠다.

너무 가난해서 새 양말 살 돈이 없어 그런다고 할지 모르겠다.

사실인즉 돈이 없어서가 아니다. 매주 드리는 감사헌금을 드린 지 20년 가까이 되는 것 같다. 매주 드리는 그 한 번의 감사헌금이면 고급양말 수십 켤레 살 수 있는 액수이다.

평소 나 자신에게는 인색하면서도 주님께는 후한 헌금 드리는 삶이 내 목회철학이다.

아울러 우리 부부의 기쁨이요, 놀라운 축복임을 하나님은 최근 아들이 몇 억의 전액 국비로 공부할 수 있게 하심으로 몇십 갑절의 은혜를 누리도록 해 주셨다.

이 일과는 무관하게 이번 주일 어느 권사님이 나에게 신발을 사서 신으라고 꽤 많은 봉투를 주셨다. 아마 몇 주 전 새벽기도회 시간에 교회 재정을 아낀다는 말씀을 전하면서 내가 단벌 구두로 산다고 하는 그 말이 권사님 마음에 걸려 담아 두신 것 같다. 매주 인천까지 농산물을 가지고 가서 장사하시면서 푼푼이 모아 살면서도 헌신하는 분이다.

그 권사님은 하나님이 강화로 이사 올 때만 해도 먹을 것 하나 제대로 없이 가난했는데 어려움 속에서도 신앙 제일주의로 살면서 기도하며 주님 중심으로 살아왔더니 지금은 하나님이 새집 지어 잘 살게 해 주셨고 풍요롭게 살게 해 주셨다고 늘 간증 거리가 많은 분이다. 비록 학문적 지식은 부족할지라도 온몸으로 주님을 체험한 은혜의 학위, 기도의 학위만큼은 남다른 분이다.

한편, 이런 은혜를 무시하는 이들의 주장을 들어보면 같은 주를 섬긴다고 하면서도 이렇게 다르구나 하는 생각이 교차한다.

ㄱ신대 은퇴교수가 쓴 이런 글이 「기독교신문」(20.10.23)에 게재된 것을 읽고 그 원본의 일부를 소개한다.

> … 생각하는 신앙이 아니라 기도만 하는 신앙을 가르치는 목회자는 위험하다. 기도로 모든 것을 이룰 수 있다거나 정직함과 인격적 책임보다 성령과 영성을 강조하며 기복신앙을 가르치는 목회

자는 우리의 삶과 신앙을 분리하는 목회자이다.
헌금을 강요하며 헌금자를 예배 시간에 호명하는 목사를 멀리해야 한다. 물신주의에 빠진 목회자이다.

자칫 이런 주장은 기도와 헌금에 대해 지나친 부정적 견해와 왜곡되고 편향적인 측면만을 꼬집어 전체를 싸잡아 비난함으로써 스스로 적어도 학자로서의 품위를 실추시키고 있다. 그가 위험하다고 무책임하게 내질러 대는 이런 따위의 말이 도리어 훨씬 더 위험성의 소지가 크다는 사실을 유포시킨 데 대한 책임이 더 위중하다.

기도 기본도 모르는 넌센스다. 다시 보자.

"생각하는 신앙이 아니라 기도만 하는 신앙을 가르치는 목회자는 위험하다."

"기도로 모든 것을 이룰 수 있다거나, 정직함과 인격적 책임보다 성령과 영성을 강조하며 기복신앙을 가르치는 목회자는 우리의 삶과 신앙을 분리하는 목회자이다."

정말 그런가?

이 말이 어디에 근거한 기도 신학일까?

그 교수는 생각하는 신앙이 아닌 기도만 하는 신앙은 위험하다는 주장으로 시작하는데, 그가 언급한 "생각하는 신앙"이 도대체 뭔지 애매하다.

굳이 올바른 기도를 말하고자 했다면 "기도만 하는 신앙이 아니라 실천하는 신앙이라야 바람직하다"라고 했어야 그래도 목회현장의 실상을 아는 전직 신학교 교수(목사)다운 제안이라고 할 수 있지 않았을까?

그럼에도 불구하고 현재 처한 교회의 현실이 어떤 상황인지를 전혀 고려하지 않고 자신이 할 말만 냅다 내질러 대는 선동적인 주장은 신학교 교수를 지낸 자로서 정제되지 않은 무책임한 처사다.

　더욱이 그에 대한 평가는 자신의 신학조차도 동성애를 미화하는 등 주위에서 신뢰받지 못한 분이다. 게다가 특정인이나 교회를 문제 삼아 교회를 비방하는 자극적인 글을 종종 인터넷 매체들에 올려 반 기독교 세력들에게 교회 비방의 그럴싸한 소재를 제공하고 있기도 하다.

　그런 그가 특정 부분을 지목하여 이런 글을 써서 각각의 목회현장이 서로 다른 교회와 목회자를 일방적으로 매도한 것은 대단히 유감스러운 일이 아닐 수 없다.

　금년 내내 고통스런 시간을 보내고 있는 코로나 시국에도 주님을 절대적으로 의지하기는커녕 기도와 헌금, 성령 등을 평가절하하고 있는 속에서도 주님의 은혜를 더 확실히 증거할 수 있게 해 주신 주님께 영광 돌릴 뿐이다.

8. 살구나무를 보면서

'행'(杏)이라는 한자어를 찾아보면 살구나무 행이기도 하고 동시에 은행나무 행이기도 하다. 그래서 서울 성동구에 속한 행당동(杏堂洞)이란 지명이 생긴 것은 그곳에 살구나무와 은행나무가 많은 데서 붙여진 이름이다.

예부터 내려온 살구나무 일화가 있다.

중국에 동봉이라는 의사가 있었다. 이 의사는 병을 고쳐 주고 사례비를 받지 않고 그 대신 살구나무를 심게 했다고 한다. 이렇게 심은 살구나무들이 숲으로 우거지게 되었다. 이에 '살구나무 숲, 즉 '행림'(杏林)이 되었다고 한다. 여기서 유래해 오늘날 한의대학의 축제 이름이 '행림제'가 되었다고 한다.

반면에 "빛 좋은 개살구"라는 말이 있다. 보기에는 번지르르한 것 같은데 실속이 없을 때 쓰는 말이다. 살구 열매가 떫고 맛이 없는 탓에 '개' 자를 붙인 것이다.

우리 주변에서 개살구나무보다는 좋은 맛의 열매를 가진 살구나무를 만날 수 있다. 우리 교회 건물 측면에도 약 20여 년 된 제법 맛이 괜찮은 살구나무가 한 그루 서 있다. 참 감사한 것은 맨 처음 개척했던 교회에서도 큰 살구나무 한 그루가 있었는데 얼마나 맛이 좋았는지 그때 살구 맛을 잊을 수 없다.

교회 마당에 서 있는 살구나무

    살구는 건강에 좋은 일품 과일이다. 예컨대, 살구씨의 육질은 비타민 A, C가 풍부하며 신진대사를 도와주는 구연산과 사과산이 2-3 퍼센트 들어 있다. 특히, 호흡기 질환자인 기침, 천식을 다스리고 항암, 피부미용 작용에까지도 효능이 있다고 정평이 나 있다. 그뿐만 아니라 살구씨에서 뽑아 낸 기름 속에는 '아미그달린'이라는 성분이 천식에 효능이 있다고 알려져 있다. 심지어 암 억제에도 좋은 효과가 있다고 하니 권장할 만한 효자 과일이다.

대부분 땅에 떨어진 살구

　이런 좋은 살구가 지난해 교회에서는 푸대접을 받게 되었다. 이유인즉슨 교회 외벽 적벽돌 방수를 위해 발수제를 살포하면서 교회 건물과 붙어 있는 공사에 장애가 되는, 위에 열린 몇몇 가지를 전지해야만 했기 때문이다. 그리고 열매에 발수제를 강한 콤프레샤로 뿌리다 보니 직접 피해를 입었을 것이기에 씻는다고는 하지만 왠지 먹기에는 꺼려졌기 때문이다.
　더구나 어느 해든 낙과되는 경우가 많기는 하지만 공사하던 해에는 나무에 거의 남지 않고 낙과량이 눈에 띄게 많았다. 먹지 않을 것을 알기라도 하는 듯이 ….
　건물을 가리는 게 흠이긴 하지만 좋은 영양소를 가진 살구이기에 길이 보존할 과일이다. 그러나 이보다 더 중요하게 살구나무를 남겨 둘 이유를 성경에서 찾게 된다.

　그것은 하나님께서 예레미야를 구별하여 선지자로 세우실 때 그에게 하나님 말씀을 그의 입에 두셨다(렘1:9) 그리고 이어서 주의 말씀이 또 임하여 보게 된 두 가지 중 먼저 본 '살구나무 가지'에 대한 영적 의미가 있기 때문이다.

　예레미야 1장 11절에 나오는 '살구나무'라는 히브리어 '샤케드'와 12절에 나오는 '지켜보다'라는 히브리어 '쇼케드'는 조화롭다. 즉, 하나님은 예레미야의 입에 주신 말씀을 지켜보고 예레미야에게 깨어 있으라는 뜻으로 살구나무 가지를 보게 하신 것이다.

　비록 지난해 열린 살구는 대부분 떨어졌지만 매년 이른 봄 살구나무 꽃 피는 것을 보고 초여름에 열매가 익는 것을 보면서 하나님이 이 교회를 지켜보시고 동시에 내가 이 시대를 살아가는 목회자로 항상 깨어 있어야 할 것을 말씀하는 영적 큰 깨달음으로 삼기에 유익한 나무라고 여기니 감사할 뿐이다.

9

주민등록초본에 24번 이사

🍃 오늘 주민자치센터에 주민등록 초본을 떼러 갔다. 그 전에도 종종 등본 내지는 초본을 떼 보곤 했지만 이번에 초본을 떼 보고서 깜짝 놀랐다. 보통 초본은 한 장이었던 것 같은데 오늘은 세 장이나 되었다. 그 이유는 현재까지 내가 살아온 주소지가 연도별로 1번부터 24번까지 기록된 분량이었기 때문이다.

내가 지금까지 살아온 주소가 중복된 주소를 빼고 살펴보니 자그만치 열여섯 번이나 바뀌었다. 이 중에 실제 내가 거주하지 않은 주소 네 개를 뺀다고 해도 무려 열두 번이나 이사를 다녔다는 것을 알았다. 고등학교 1학년 신입생 때 광주 지산동에서의 처음 자취를 하고, 산수동에서 하숙, 친척집 등에서 공부하느라 네 번의 주민등록초본에 기재되어 있지 않은 이사, 그리고 한전에 다니면서 대학 다니느라 하숙했던, 역시 주민등록에 기록되어 있지 않은 세 번의 이사가 있었다.

그 이후로도 두 번의 이사 그리고 목회 시작한 전남 영광 개척교회를 하느라 건축하기 전 미리 내려와 근방 어느 식당 방 한 칸을 얻어 6개월 가까이 살았다. 이렇게 살아온 거처 등 기억을 더듬어 보니 실제로 약 스물두 번 정도 이사 다닌 것 같다.

내가 태어난 고향은 산수(山水) 좋은 전남 해남군 계곡면 용호리(법곡리 28번지)이다. 이곳에서 우리 부모님과 함께 중학교 때까지 살았으니 내가 지금까지 살아온 여정 가운데 가장 많이 부모님과 같이 산 셈이다.

그 이후로 20여 회 이사 다녔으니 한마디로 나는 나그네 인생을 살아왔다고 해야 어울리는 것 같다. 그 20여 회는 공부만 하느라고, 또 공부도 하고 직장생활 하느라, 그리고 목회하느라 옮긴 숫자다.

부모님을 떠난 이후 나의 주거 방식은 스스로 연탄 피우고 밥을 해서 먹었던 70년대 자취를 비롯하여 하숙 생활, 잠만 자고 간신히 몸만 들어가는 반 평짜리 독서실의 삶, 친척 집에 신세 지고 살던 생활, 대학교 때의 기숙사 생활, 그리고 식당칸 방 하나에서 살기도 하는 등 내 삶의 방식은 그야말로 다양했다. 어쩌면 목회하는 지금의 삶이 다 낫다고 할 수 있다.

2년 전인 2021년 3월 부친께서 85세를 일기로 하나님 품에 안기셨다. 사실 돌이켜 보니 약 4분의 1 정도에 지나지 않는 16년 정도만 아버님과 함께 얼굴을 맞대고 살았다. 그리고 나는 스물두 번 가까이 나그네 인생을 지금까지 살아오고 있다. 그리고 앞으로도 나는 이런 나그네 인생길을 살아가야 한다.

이번 주 내가 섬기는 교회 오후 헌신예배 설교에 전직 감독회장 김진호 감독님을 모셨다. 끝나고 차로 이동하는 중에 한 이야기를 들려 주셨다. 우리 감리교회 박장원 원로목사님의 미담이었다.

그분이 가지고 계신 아파트가 재개발되는데 그러면 그 값이 수십 억으로 오르게 되었다고 한다. 그것을 아들 목사님에게 주려고 하자 그 아들 목사님이 "아버지가 원하시는 데 쓰세요"라고 하면서 거부했다고 하는 일반 상식으로는 이해가 되지 않는 감동의 스토리이다.

누군들 노후를 편하게 사는 것을 원치 않는 자가 있으리요? 마땅히 가질 수 있는데도 그 재물을 포기할 수 있는 물질관은 이 시대 우리 목회자들에게는 분명히 귀감이 되고도 남는다. 목회자가 은퇴 이후 물질로 고통당한다는 소식을 듣는 것보다 물질 때문에 마지막을 교회에서 명예롭지 못하게 은퇴하는 경우가 종종 있다는 안타까운 소식도 아울러 들었다.

현직에 있을 때 목회자들의 주된 설교 중 하나가 무엇일까?

아마도 돈, 권력, 명예가 있다고 행복한 게 아니라 예수님 믿는 믿음이요 복음이다라고 말하지 않는 목사가 누구리요?

그런데 막상 그 자리에서 떠나는 순간 믿음이니 예수니 복음이니 하던 말은 어디론가 사라지고 실리와 눈앞의 현실적 이익을 추구하는 지극히 이율배반적인 삶을 살고 있지는 않은지 살펴볼 일이다.

그런 점에서 내가 지금까지 지내 온 수많은 이사의 행적을 부끄럽게 여긴 적이 없다. 한 곳에 정착하면 돈도 모을 수 있었을 것도 같고 욕심도 생겼을 것 같다. 사람은 누구나 심리학자 매슬로우의 학설처럼 1차적 '안정의 욕구'가 있다. 그러나 그 지난날에 대해 나는 조금도 후회하지 않는다. 성경 주요 인물의 인생관이 나그네 인생관이었기 때문이다.

예컨대, 아브라함을 비롯하여 모세도 야곱도 다윗도 나그네라고 표현하고 있다. 베드로와 요한도 나그네 된 자들에게 편지한다고 말하고 있다. 더욱이 예수님이 "나그네"라고 하셨으니 (마 25:35) 우리가 애써 부인할 이유가 없다.

따라서 그 마지막으로 이사 가야 할 곳, 그곳은 이제 더 이상 보이는 주민등록상 기록에는 나타나지 않겠으나 그 기록 이후에는 집 주소가 그치게 될, 사람의 손으로 지은 것이 아니요, 하늘에 있는 영원한 집인 천국이다.

죽은 자의 소망 곧 부활을 믿는 나를 비롯한 거듭난 그리스도인이 주님과 함께 영원히 거하는 삶을 추구하기에 허영과 허세와 허욕을 버리며 살아야 잘 살았다고 말할 수 있지 않을까?

10

부친 천국 환송 예식

🍃 우리 말에는 똑같은 의미이지만 용어 사용을 달리하는 표현 방식이 적지 않은데 그 대표적인 예가 죽음에 대한 표현 방식이 아닐까 싶다. 예컨대, "사람이 죽었다"라는 말을 표현할 때 직접화법보다는 좀 더 높여 호칭하거나 그 의미를 부각하고자 하는 표현 방식에 있어서 그러하다. 즉, 일반적으로 사망이란 말을 얼마나 많이 다른 용어로 지칭하는지 보자

- 운명(運命), 하직(下直), 작고(作故): 고인이 되었다는 뜻으로 사람의 죽음을 높여 이르는 말
- 별세(別世): 세상을 하직한다는 말
- 기세(棄世): 세상을 버린다는 의미로 죽음을 높여 이르는 말
- 서거(逝去): 죽어서 세상을 떠난다라는 뜻을 높여 부르는 말
- 영면(永眠): 영서(永逝), 잠매(潛寐)와 함께 영원히 잠들다라는 뜻
- 타계(他界): 다른 세계, 저승. 어른이나 貴人(귀인)의 죽음

이런 용어들이 대표적으로 죽음을 높여 부르는 말이다.
그런가 하면 종교에 따라 죽음의 표현 방식 또한 고유명사처럼 달리 쓰고 있다. 즉, 기독교 개신교에서는 소천(召天)을 주로 쓰고 있다. 하늘의 부름을 받았다는 뜻이다. 그러나 가톨릭에서는 대죄(大罪)가

없는 상태에서 죽음을 일컫는 말로 선종(善終)이라고 쓰고 있다.

불교계에서는 주로 열반(涅槃, 타고 있는 불을 바람이 불어와 꺼 버리듯이 타오르는 번뇌의 불꽃을 지혜로 꺼서 일체의 번뇌나 고뇌가 소멸된 상태), 또는 입적(入寂, 불교에서 수도승의 죽음을 이르는 말)을 즐겨 쓰고 있다.

또한, 장례식장 분향소에 가도 입구에 즐비한 근조화환에 쓰여진 문구부터 다르다. 분향소 영정 사진 앞에 분향하는 예식 역시 다르다. 종교에 따라 확연히 달라진다.

가장 두드러지게 눈에 띄는 문구가 "삼가 고인의 명복을 빕니다"이다. 물론 오랫동안 국가의 공식행사에서 또는 평범하게 쓰이고 있기에 크게 괘념치 않는 듯하다.

그런데 명복(冥福)의 사전적 의미를 보면 거듭난 그리스도인이라면 사용에 숙고할 일이다. 그 이유는 용어의 의미 때문이다. 명복의 뜻은 '죽은 뒤에 저승에서 받는 복', '[불교] 죽은 사람의 사후 행복을 비는 불사(佛事)'라고 기록되어 있다. 대부분 일반적으로 언론 방송에서는 공식적으로 이와 같은 문구를 사용하는 게 통례이다 보니 일반 사람들이 무심코 사용한다고 본다.

그러나 이 용어를 찬찬히 잘 들여다보면 몰라서 그렇지 개신교에서 용어로 도입하기에는 바람직하지 않다. 이번 나의 부친상을 치르던 중에 고등학교 동창 밴드를 운영하는 친구에게 이 용어가 지닌 뜻을 전달해 주었더니 그런 말도 있었냐고 처음 듣는 얘기라며 당황해했다.

아버님이 소천되심을 위로하는 대형, 중형, 소형 근조화환이 2층 빈소에는 물론 1층부터 2층까지 양옆에 빼곡히 진열되어 간신히 왕래할 정도였다. 그럴 수밖에 없는 게 우리 형제들이 3남 4녀나 되기 때문이기도 하지만 미처 "근조화환을 사양합니다"라고 별도 공지를 못한 탓이기도 하다.

봉안 예식 후 모신 아버님 묘비(평토장)

그 근조화환에 쓰인 문구들이 이런 주의사항을 고려하지 않는 한 흔히 꽃집에서는 "삼가 고인의 명복을 빕니다"로 통일하는 것 같다. 그러나 나를 아는 지인들 특히 목사님들이 보낸 경우는 우측 리본에 "근조", "소천", "천국입성", "부활", "주님의 위로를 빕니다" 등 익숙한 문구로 새겨져 있었다.

말과 언어는 그 사람의 사상이나 정신이고, 그 민족의 혼이라는 점에서 신중하게 사용할 필요가 있다.

한편 아버님이 지난 금요일(3월 5일) 85세를 일기로 소천되셨다. 이에 3일장으로 하는 경우, 주일이기에 4일장으로 치르다 보니 상주인 나에게는 감회가 깊은 새로운 경험을 했다.

빈소를 지키지 못하고 잠시 토요일에 목포에서 강화까지 약 6시간을 들여 주일 낮 예배(11시)를 인도하러 다녀와야만 했다. 물론 교인들은 만류했지만 내 입장은 고마움과 함께 생각이 달랐다. 오후 예배는 존경하는 모 교수님이 인도하시도록 부탁을 드렸다. 이분도 저와 같은 입장이었다. 즉, 아무리 멀어도 주일예배를 인도하고 가는 게 좋다는 말씀이었다.

대신 장례식장에 남은 우리 형제들의 주일예배가 마음에 걸렸다. 이에 마침 우리 부부 결혼 중매자이셨던, 올해 은퇴하여 진주에 계신 원로목사님에게 부탁을 드렸다. 2시간 반쯤 소요되는 거리이다. 끝나고 예배 인도하신 그 목사님 말씀에 의하면 25명 정도의 가족 예배를 인도하면서 말씀을 전하는데 우렁찬 아멘 소리, 예배의 분위기 등 하나같이 본인이 큰 은혜를 받은 시간이었다고 몇 번이나 칭찬을 아끼지 않았다.

전국적으로 코로나로 인해 모이기에 쉽지 않은 시기였으나 거의 영향을 받지 않을 만큼 조문객을 받느라 바빴다. 조문객을 비롯해 그 외 모든 게 넘치도록 풍성했다. 인간적으로는 아버님을 잃은 슬픔이 장남인 나로서는 주체하기 힘든 게 사실이고 고향 집에 가서 보니 그 빈 자리가 너무 커서 더욱이 인간적인 슬픔을 가누기가 쉽지 않았다.

하지만 마지막 아버님이 가시는 천국 길이 너무 아름답고 풍성하며 평화롭게 진행된 것에 대해 하나님께 영광 돌린다.

우리 7남매는 4일간 서로 평화가 넘쳐났다. 마지막 결산 때에 둘러앉은 형제들의 모습에서 확연했다. 조의금은 지인들에 대한 빚이니 어느 형제에게 얼마를 주자면서 대접하라고 해도 "남아 계신 어머니께 드리자", "교회에 헌금하자"고 하나같이 말하면서 극구 사양할 정도로 모두 화기애애한 분위기를 보며 얼마나 감사한지 모른다.

무엇보다 4일간 따뜻한 날씨였고 4일째 고향 선영에서 봉안예식을 했는데 그 주변에는 아버님이 수십 년 전 심어 놓으신 3미터쯤 되어 보이는 빨간 동백꽃 두 그루에서 이제 막 핀 꽃 몇 송이가 반갑게 맞이하는 듯했다.

아버님이 찬송가에 가장 많이 표기해 둔 즐겨 부르시던 찬양은 301장이다. 우리 7남매는 이 찬양 3절 가사를 부르며 나의 기도로 모든 일정을 잘 마쳤다. 하나님께 모든 영광과 찬송을 돌린다.

주님 다시 뵈 올 날이 날로 날로 다가와
무거운 짐 주께 맡겨 벗을 날도 멀잖네
나를 위해 예비하신 고향 집에 돌아가
아버지의 품 안에서 영원토록 살리라.

11

결빙된 하수구,
꽁꽁 얼어붙은 마음의 해빙

🍃 영하 20도 가까이 수은주가 내려가던 2년 전 한겨울, 한파로 화장실 변기가 사고를 쳤다. 여자 화장실 변기의 물을 내리면 오물이 바닥에서 솟아났다. 정확히 말하면 변기가 사고쳤다기보다는 나중에 안 사실이지만 정화조로 가는 배관이 꽁꽁 얼어 막히면서 역류했기 때문이다. 몇 일 전부터 사택 화장실도 왠지 변기가 시원스럽게 내려가지 않고 계속 말썽이었다.

사택은 2층이어서인지 한참 있다 다시 내리면 두세 번 그러다 그런대로 내려가서 그럭저럭 불편하지만 별수 없이 사용해 왔다. 그렇게 된 지가 벌써 1주일 이상 흘렀다. 그러나 교회 화장실은 아예 변기 물이 빠지지 않고 남자 화장실 밖에 노출로 보이는(에어컨 실외기 쪽) 배관으로 분뇨가 넘쳤다.

교회 왠만한 시설물을 손수 고칠 수 있는 기술을 가진 권사님이 몇 가지 방법을 시도해 본 후 물이 배수되지 않는 걸 보니 배관 속에 휴지든 무언가가 막힌 것 같다는 것이다. 날이 어두워 그대로 둔 채 하루가 지났다.

다음날 이 권사님 그리고 관리부장과 함께 철물점에 가서 30미터짜리 용수철로 된 하수구 뚫는 기계를 구입하여 시도해 보았다. 15미터 이상 들어간 것 같더니 더 이상은 나아가지 않는다. 몇 번 넣어 보았지만 마찬가지이다.

이에 인근 설비 공사 업체를 불렀다. 전기로 작동하는 기술자용 굵은 스프링으로 된 하수구 뚫는 기계를 가지고 시도했다. 그러나 역시 배관이 결빙된 것 같다고 하면서 그 장비로는 해결을 못하고 철수했다. 그날따라 강력한 태풍과 함께 매서운 추위로 살이 에이고 얼굴이 마비될 정도로 추웠다.

그럼에도 불구하고 오후 5시경 또 다른 업체를 불렀다. 역시 동일한 방법의 기계를 사용했다. 그리고 내시경으로 배관을 들여다볼 수 있었다. 역시 그 업체 진단도 배관 10여 미터 지점에서 얼었다고 진단했다. 그러면 어떻게 해야 하느냐고 물었더니 고압 세척기로 불면 가능할지도 모르겠다고 했다. 그 비용을 물었더니 최하 100만 원인데 내일(1월 29일)까지 알려 줘야 작업 일정을 잡을 수 있단다.

밤새 그리고 새벽기도 시간 내내 그것을 위해 기도했다. 두 권사님은 별수가 없다고 생각했는지 2003년 전까지 사용했으나 교회 신축 이후 지금은 사용하지 않고 있는 그 외부 푸세식 화장실 앞에 쌓아놓은 나무를 다 치우고 사용할 임시조치를 해 놓았다.

고맙기는 했지만 우리 어린이들과 젊은 교인들을 생각할 때 나는 탐탁지 않았다. 왜냐하면, 10여 년 전 생각이 떠올랐기 때문이다. 당시 중고청년 학생들을 데리고 갔던 그곳에 수세식 화장실이 없고 푸세식이었다. 학생들이나 청년들은 그 화장실을 사용하지 못했다. 별수 없이 약 2킬로미터 떨어진 곳까지 차로 데리고 갔다 온 적이 있던 그 추억 때문이다.

이에 해당 전문업체를 찾기 위해 전국망 인터넷을 검색했다. 거의 하나같이 해빙 단가가 기본 100만 원이었다. 이곳에서는 그나마 그런 업체마저 찾을 수 없었다. 그중 한 업체가 최하 80만 원이고 땅을 파야 할 경우는 추가 요금이 발생한다고 했다.

다음날인 금요일에 그 업체를 불렀다. 발전기가 내장된 고압세척기로 작업을 하기 시작했다. 강력한 분사 세척기가 배관 속에 들어갔다. 사택에서 뜨거운 온수에 연결된 호수가 발전기에서 관속으로 분사되어 들어갔다.

"영차, 영차 ~~!"

하도 긴장되어 순간에 뻥 뚫리게 해 달라는 즉석기도까지 했다. 처음에는 막혔던 배관 속에 쌓인 노란 분뇨 덩어리들이 밖으로 흘러나와 냄새가 진동했다. 좀 더 시간이 가면서 고압세척기가 분사되자 드디어 뻥 뚫렸다.

"와~! 성공이다!"

정화조에서 물 떨어지는 소리도 들렸다. 아침 10시 반쯤 작업을 시작하여 오후 1시쯤 끝났다.

100만 원이냐, 3월 자연히 뚫릴 때까지 기다리느냐는 내가 결정할 문제였다. 화장실을 사용하지 못할 경우 성도들이 얼마나 불편할까 싶어 추위로 손가락이 뻘겋게 달아올랐지만 고생한 보람이 있었다.

개척교회 목사 때 목사는 교회의 오만 가지 공사도 해야 하는가 보다 했는데, 115년 된 교회도 별로 다르지 않구나 생각하니 조금은 마음이 착잡하기 그지없었다.

우리 어린이들이나 젊은이들은 수세식이 아닌 푸세식은 아예 엄두도 못내기 때문에 아무리 추워도 해결해야 할 내 책임이라 여겼다. 방법을 찾으면 길은 보이는 법이다. 무슨 일이든 책임 맡은 사람은 불평보다는 길을 찾는다.

사람이든 배관이든 이처럼 시원스럽게 뚫려야 하고 소통이 잘되어야 문제가 없다. 인간관계에 대화가 막히고 마음이 꽁꽁 얼어붙고 얼굴이 경색되어 마비되면 고장난 인생이고 원만한 인생을 살아갈 수 없다는 생각을 하게 되었다.

고압세척기로 하는 결빙 배관 해빙 작업

이처럼 사람 몸속의 뇌이든 심장이든 기관의 혈관이 막히면 자기 몸에 당장 문제가 생기고 위험한 것은 물론 많은 가족이 힘들어진다.

공사가 있었던 그날 새벽기도회에 이럴 때 교회 재정으로 공사하기 보다 누군가 자기 몸 돌보는 것처럼 주님의 몸된 교회에 물질로 헌신 하는 분 있으면 좋겠다는 뜻을 비쳤다. 그러자 하루 지난 새벽기도회 마치고 어느 권사님이 기도하고 있는 내 곁에 와서 말씀하셨다.

"목사님, 어제 그 해빙 공사 비용 얼마 드셨어요?

목사님 말씀에 순종해야겠다는 마음이 자꾸 듭니다. 그 비용 전액 제가 다 담당하겠습니다."

지난해에도 교회 십자가 LED공사, 예배당 블라인드 커튼 등 적지 않은 헌금을 앞선 유다 지파의 축복처럼 먼저 자원하여 드리신 분이 다. 그래도 지금까지 돌이켜 보면 그때그때 마다 담임목사의 마음을 읽어 주고 충성하는 적지 않은 분들이 목회현장에 있기에 고맙다. 목회하다 때로는 마음이 상하였다가도 이런 분들이 항상 곁에 있었 기 때문에 힘을 얻어 지금까지 감사한 마음으로 목회하고 있다.

12 헌금 실수 해프닝?

🍃 오래전 서울에서 목회할 때이다.

기도훈련학교를 몇 팀으로 나누어 실시할 때에 겪은 일이다. 그 팀 중에 장로님들과 다른 몇 분이 한 그룹이었다. 이 과정을 시작하기 전 오리엔테이션으로, 과정 하나하나가 훈련이라는 자세로 임해야 하기에 마치 군대에서 모두가 계급장 없는 훈련병처럼 직분까지 다 내려놓는 자세로 겸손히 임하도록 부탁했다.

교재로 기도에 관한 책을 선정해서 1시간 강의를 한 후 약 30분~1시간가량 함께 통성기도를 하는 시간이 있었다. 장로님 중에 사회적 지위가 있는 분이 다들 통성기도를 하는데 하지 않고 묵상하고 있었다. 이에 정중하게 물었다.

"장로님은 통성기도가 잘 안되시나요?"

장로님은 조금은 멋쩍은 듯 웃으면서 이렇게 대답했다.

"너무 그렇게 하면 회까닥하게(?) 될 것 같아 그럽니다."

그 대답에 적잖게 놀랐다. 어머니 때부터 신앙생활을 해 온 분인데 훈련 차원에서 따라야 한다고 했는데도 몸에 익숙하지 않았던 것을 하기에는 그의 지성의 한계로는 어떤 점에서 용납이 안 되는 측면이 있었으리라 본다.

지금도 혹시 그런 통성기도는 좀 고상한 지성인들에게는 어울리지 않는 것이라고 생각하는 불특정 다수의 사람들이 있지 않을까?

그런 분들은 성경에서 광야에서 이스라엘 백성들이 부르짖고 사사기에서 이스라엘 백성들이 거듭된 악을 행함으로 하나님이 진노하사 다른 민족에게 파셨을 때 돌이켜 부르짖음, 사무엘 어머니 한나, 히스기야 그리고 예레미야 등이 통곡했다는 말씀을 떠올려 보면 좋을 것 같다.

성경이 우리 이성과 지성으로 이해되고 해석되는 게 얼마나 되랴? 그렇지 못한 진리들이 훨씬 더 많다.

신앙생활 하면서 깨닫는 것 중 하나는 하나님의 섭리(攝理)이다. 기독교에서 말하는 섭리란 사람과 우주 만물을 다스리는 하나님의 전적인 뜻과 역사를 말할 때 사용한다. 즉, 우리가 무심코 사용하는 운명이나 숙명 또는 인연이나 우연이라는 용어와 정반대 개념이다.

예컨대, 어떤 일이 잘되든 안되든, 선한 역사든 악한 역사든, 그리고 내가 의도한 일이든 아니면 때로는 실수한 일 등까지도 합해 보면 결국 그 모든 일이 범사에 하나님을 인정하는 사람에게는 선한 뜻, 즉 하나님의 섭리였다고 말하는 차원이 성숙한 신앙인에게서 볼 수 있는 증거라 하겠다.

이번 주일예배를 마치고 나오는데 재무부장이 말했다,

"목사님, 아무 아무개가 지난주 헌금을 더 냈다고 얼마를 돌려 달라고 하네요. 그 액수를 마이너스 처리해야겠어요."

그런 그 당사자가 내 앞에 있었다. 처음에는 무슨 영문인지 몰라 자초지종 다시 물으니 이야기인즉슨 지난주에 십일조 헌금 얼마를 했는데 잘못 계산하여 얼마를 더 헌금하게 되었으니 그 추가분을 재무부장에게 전화해서 돌려 달라고 했다는 것이다. 그래서 재무부장이 "다음 주일(이번 주)에 그렇게 하마"라고 했나 보다.

듣고 나니 좀 황당했다. 하지만 일단 당사자에게 그런 일에 대해 이해를 시킨 다음 다시 오후 예배 후에 그의 모친인 권사님과 함께 불러서 일어났던 어찌보면 코미디 같은 일에 대해 설명해 주었다.

사실 그 당사자는 아주 순진한 집사이다. 약간은 이해력이 약간 부족하지만 제조회사에 다니며 월급도 괜찮게 받는 성실한 청장년이다. 종종 몸이 아프면 전화한 다음 교회로 찾아와서 나에게 기도를 받곤 하는 집사이다. 세상 물정을 잘 모를 만큼 순박하기만 하다. 아마 그래서 그랬던 것 같다.

그런데 마침 이번 주 주일 설교가 우연이 아닌 필연적이라 할 만큼 '하나님의 섭리'에 관한 설교였다. 그래서 그 집사님에게 웃으면서 물었다.

"오늘 설교가 하나님 섭리였는데 벌써 잊었어?"

어머니 권사님도 내 입장과 똑같이 인정했다.

"우리 애가 순진해서 그래요."

전혀 악의나 불평이 있어서가 아닌 것을 나도 잘 알기에 이렇게 권면했다.

"집사님, 헌금은 이번처럼 실수해서 더 들였다고 하더라도 아, 하나님의 뜻이 있었는가 보다 생각해. 많든 적든(더 드린 액수가 적은 단위이다) 헌금은 하나님께 드렸으니 거스름돈 내주듯이 그런 게 아니야. 하나님이 그거 좀 더 헌금한 걸 잘못 계산했다고 반환해 주마 그러시진 않아. 오히려 드려야 하는데 슬쩍 감추고 하나님께 전부라고 하며 드린 아나니아 삽비라에게는 그 책임을 묻고 있잖아."

사실 이 정도 가지고 장황하게 설명할 일도 아니었지만 이 일을 계기로 의외로 이런 부분을 모르고 지속하면 안 되기에 헌금에 대해 그가 가지고 있는 착각을 바르게 가르칠 수 있게 된 기회가 되었다.

그러면서 이런 생각을 해 보았다.

'혹시 헌금은 해야겠는데 오만 원 현금을 가진 사람이 만 원만 헌금하고 싶은데 어떻게 할까?

4만 원을 거슬러 달라고 하는 사람도 있지 않을까?'

십일조는 소득의 십분의 일이라고 하니까 1,111,000원 수입이 있는 사람이 111,100원 십일조 한다고 과연 믿음 좋은 사람이라고 누구도 그를 그렇게 말하지 않을 것이다.

그래서 아무리 사회적 거리두기로 교회와 멀어지고, 모임이 중지되고, 신적 터치(Heavenly touch)가 약화되어 가는 이 시대에 목회자들이 정신 차리고 해야 할 일이 있다고 본다.

이때일수록 더 분발하여 복음을 잘 전해야겠다, 헌금 생활도 잘 가르쳐야겠다, 기도도 하도록 훈련시켜야겠다, 말씀도 제대로 연구해서 가르쳐야겠다는 책임감과 사명감에 대한 절박함이 밀려온다.

13

커터 칼이 주는 교훈

🍃 몇 년 전 목회하던 교회 부흥회 때 있었던 일이다. 끝나는 날 마지막 시간에 강사 목사님은 전도를 언급하면서 전도용 선물을 제시하였다. 그 선물은 가정용 헬스자전거였다. 그리고 성도들에게 물었다.

"이 선물을 위해 헌금할 분이 있습니까?"

몇 분이 자원하여 스무 대가 마련되었다. 시판되는 동일한 제품이지만 전도용에 한해 대량 구입 시 시중가보다 보다 더 저렴하게 구입할 수 있게 된 것이다.

부흥회 끝나고 지체 없이 그 다음 주에 주문했더니 박스 포장된 자전거 스무 대가 용달로 도착했다. 이에 한 대는 강단에 모든 성도가 볼 수 있도록 하기 위해 전시하고자 조립하기 시작했다.

조립하기 위해 박스 속에 있는 꽉 끼인 몸체를 꺼내기 위해 두 손에 힘을 실어 힘껏 당겼는데, 그 순간 일어나지 않아야 할 사고가 발생했다.

오른 손바닥에 쥐고 있던 커터칼을 왜 그랬는지 의아할 정도로 날선 그 부분을 움켜 쥔 채 박스 속의 몸체를 힘주어 당긴 것이다. 순식간에 엄지와 검지 사이 부드러운 손바닥이 칼날에 푹 들어가는 느낌이 들더니 2센티미터 이상 벤 것이다. 심상치 않아 지혈을 해야하기에 얼른 손으로 그 부위를 꼭 누른 채 마침 곁에 있던 아내에게

119를 부르도록 했다. 구급대원들에 의해 지혈을 위한 응급조치를 한 후 병원에서 찢어진 손바닥을 몇 군데 꿰매었다.

13일째였다. 꿰매고 난 후 첫 주일에는 교인들과 악수도 할 수 없었다. 다친 후 둘째 주일인 주간에는 살며시 악수는 할 수 있었지만 아직 실을 빼지 않아 완치가 되지 않은 상태이다.

지금도 그 순간을 생각하면 섬뜩하다. 모든 사고도 이와 같다는 생각이 들었다.

'내용물을 끄집어 내려하기보다 차라리 박스를 자르면 되었을 텐데 왜 그랬지?
왜 칼을 쥔 채 박스에서 빼내려고 했지?
왜 하필이면 그 날 부분을 움켜잡았지?'

사고가 난 후 일부러 그 커터칼을 다시 잡고 시연해 보아도 그 날 부분을 잡은 게 이해가 되지 않았다. 경미한 사고이든 대형 사고이든 항상 사전에 안전 조치가 얼마나 중요한가를 깨닫게 되었다. 좀 빨리 하려고 서두르거나 안전불감증에 걸리면 어느 곳에서든지 예기치 않은 사고가 발생할 수 있다는 것이 이번 사고를 통해 대가를 지불하고 배운 교훈이다.

사실 병원에 가서 꿰매고 돌아와 그런 손인데도 불구하고 하다 펼쳐 놓은 그 조립품이 마음에 걸려 한 손으로 기어이 조립을 완성했다. 이런 스토리가 있고 사연 있는 그 선물용 자전거가 지금 강단에 전시되어 있다.

이번 일을 당하면서 오래전 첫 목회지 개척 당시 교회에서 일어난 일이 잠시 떠올랐다. 그때는 외부 십자가 첨탑이 지금처럼 LED가 아닌 파손이 잦은 유리관 네온사인으로 된 제품이었다. 언젠가 높은 십자가 불이 들어오지 않기에 그 십자가를 고치겠다고 올라갔다 뒤로 사다리를 밟고 내려오다 사다리가 잘못되어 5미터 정도 되는 높이에서 낙상하여 얼굴에 크게 찰과상을 입은 적이 있다.

지나온 일들 중에는 이외에도 교회 일 하면서 실로 위험하고 힘든 순간들이 적지 않았던 것 같다. 교회 진입로를 포장하느라 밤을 새 기도 하고 밤새 쏟아지는 장맛비에 새어 들어온 예배당 바닥을 새벽을 설치고 일어나 닦아 내야 하는 등 목회자는 교회 일이 보이면 몸을 사리지 않고 처리해야만 하는 일중독자와 같은 삶을 본의 아니게 살아야 할 때가 있다.

정작 이런 일은 지나온 나의 목회 여정 속에 비록 볼 수 있는 사진 한 장 없고, 한 줄 드러나게 기록해 놓은 문서 한 줄 없을지라도 그저 나만이 홀로 아는 내 마음속 어딘가에 새겨져 있다.

스토리가 있는 헬스자전거

물론 목회는 결코 일 중심도 아니고 사람 중심도 아닌 하나님 중심이어야 한다는 사실쯤이야 모를 리 없다. 그럼에도 불구하고 그 일이 하나님 중심인 일꾼을 만들어 가야 하고, 그 사람이 하나님 중심의 사람이 되도록 세워 가야 하는 것이 목회자에게 주신 사명이 아닐까 생각해 본다.

한편, 진정한 목양적 삶을 살다 보면 목회자의 삶은 다치고 깨지고 상하고 멍들고 나아가 맺히고 곪아 터지고 병든 곳이 여느 목회자와 사모들의 가슴속에 왜 없겠는가?

따라서 목양적 삶을 한낱 수단이나 도구로 이용해서도 안 되고, 그렇다고 목양적 삶이 목회자 삶에 거침돌이나 누(累)가 되어서도 안 될 것이다. 이 둘은 서로 긴장이 없을 수는 없지만 건강한 모습으로 상호 충돌이 아닌 배려와 이해, 협력과 신뢰 그리고 존경의 노력이 필요하다고 본다.

14

전학 안 갈 거예요!

🍃 직업 중에 가장 많이 이사를 다녀야 하는 직업이라면 어떤 직업일까?

대체로 1-2년 단위로 이동하는 직종 중에는 주로 해외 주재 공무원, 경찰서장 등 고위직, 공립 초, 중, 고 교장, 법조계 지청장, 지검장 등이 이에 속한다. 그러나 이들의 이동 이유가 대부분 승진 및 더 나은 보직을 받기 때문인 경우가 많고 자녀들의 교육도 안정되게 한 상태에서의 이동이랄 수 있기에 그다지 큰 문제가 되지 않는다.

이와 같이 잦은 이동을 하게 되는 또 다른 대표적인 직업이 하나 있는데 다름 아닌 목회자들이다. 그러나 목회자의 경우는 특정한 몇몇 극소수를 제외하고는 목회하는 임지나 자녀 교육 상황이 결코 녹록치가 않다.

교회 상황에 따라 천차만별이다. 공무원처럼 일정한 보장 기준이 있는 것도 아니다. 게다가 부모가 임지를 옮기면 재학 중인 자녀들 특히 가장 감수성이 예민한 시기인 중고생 자녀가 있는 경우는 더더욱 그들의 희생이 불가피하게 수반된다.

대부분이 여느 목회자처럼 유학을 보낼 만한 여유도 없다. 그런가 하면 유학 비용의 거품을 뺐다고 하면서 유학이나 다름없다는, 국내 최근 인기 있는 전원 기숙사 시설 갖추고 정예화된 교육시설과 다수의 원어민 교사들로 구성된 그런 학교에 보내려 해도 역시 학비를 보면 웬만한 목회자 사례비로서는 명함도 내밀기 힘들다.

　내가 한때 공기업에 다닐 때는 나를 위해 제법 쌓아 놓은 저축통장이 있었지만 목회자가 된 이후 통장이라야 딱 하나 사례비 입금했다 그달이 다 못 되어 없어지고 마는 입출금 통장 하나 가지고 살아간다. 그러나 개척 목회부터 지금까지 하나님은 한 번도 굶기지 않으셨으니 감격할 뿐이다.

　그런데 문제는 여러 해 전에 자녀 교육 때문에 겪은 일이다. 물론 학비 때문은 아니다. 큰아들이 중3이었다. 초등학교 때까지는 별 문제 없는 일이 중학생이 되고 보니 생겼다.

　전임지에서 다니던 학교가 꽤나 좋았나 보다. 그도 그럴 것이 그 학교는 내 아들의 말을 액면 그대로 옮기면 점심을 하나도 안 남길 만큼 최고 맛있는 레시피로 만든 반찬이 나와 좋다는 것이다. 사실 그 학교 점심 잘 나오는 것은 그 학교를 거쳐 간 학생들이 이구동성으로 인정할 정도로 알려져 있다.

　그런데 더 중요한 것이 있다. 아들이 다니던 학교는 중학교이지만 사립학교였다. 그 관내에서는 여타 중학교와 비교할 때 상대적으로 교사진도 우수하고 가장 잘 가르치는 학교로 선호하는 중학교였다. 과목별 수준별 학습도 실시하였다. 게다가 아들의 실력이 전교 상위권이었고 좋아하는 축구 친구들도 많이 생겼던 터라 무척 애착을 가지고 있었다.

　그런 아들에게 아버지가 임지를 옮겨 새로운 학교로 전학을 해야 한다는 것은 수용하기 힘든 충격이었다. 내게는 직접 이야기하지 않았지만 아들은 엄마에게 이곳에 오기 전에도 그리고 이곳에 와서도 졸라 댔다.

　"나 전학 안 갈 거야!
　나 자취하게 방 얻어 줘요."

하숙하면 돈이 많이 들 것 같아 그래도 부모님을 배려해서 좀 더 저렴한 자취를 요구한 것이라고 한다.

이보다 더 가슴 아픈 말은 따로 있었다.

"새 학교에 적응하는 스트레스보다 차라리 자취하면서 당하는 고생이 더 나을 것 같아요."

새 학교에 가서 새 친구를 사귀기까지 청소년으로서 얼마나 힘들었는지 풀어놓는 아들의 하소연은 눈물겨운 읍소(泣訴)로 들렸다.

이 말을 듣고 임지 이동 후에도 아직 전학처리가 안 된 상태이기에 방학 후 개학해서 마지막 종강식을 하기까지 2시간 거리의 학교를 두 번 왕복했다.

그리고 아들의 진심 어린 요구대로 급기야 하숙집을 알아보기 위해 몇 군데를 묻기도 했다. 그러나 예전과 달리 시대가 시대인지라 하숙집을 구하기가 여간 쉽지 않았다. 원룸을 얻어 사취하게 할 수는 있었다. 그러나 의존적인 아이를 혼자 두는 것이나 자취는 더욱이 잘못된 아이들이 출입하게 될 우려 등 아들 요구 이상으로 문제 또한 간단하지 않았다.

이후로도 그곳 지인들에게 부탁하여 내 자식처럼 여길 그런 주인이 하숙하는 집이라도 있으면 그곳에 머물게 해 두고 남은 1년을 마치게 할 계획으로 기다렸다. 그러나 역시 그런 집은 얻기 힘들었다.

이것을 알았는지 최근에 아들도 전학하겠다는 쪽으로 마음을 선회하였다. 그리고 일어난 일이다. 동사무소에 전입신고를 하러 가서부터 겪은 당황스런 일이다.

지금은 지방자치단체장들이 국가적 출산률 저조와 더욱이 이농현상으로 인해 인구 유출을 막고 조금이라도 인구 유입을 증가시키려는 일환으로 신생아 출산 장려금, 양육수당 1-2년 지급, 또는 하다못해 새로 전입한 세대주들에게 관내 쓰레기 봉투 다수 지급, 무료 주차권

발행 등 적지 않은 재정 지출은 물론 다소나마 따뜻한 호의와 배려를 해서라도 모든 행정력을 발휘해서 인구증가 정책에 노심초사하는 경향이 대세이다. 그러나 전입해 온 이곳은 이와는 전혀 달랐다.

혹시나 해서 이런 전입자에 대한 혜택이 없느냐 물었더니 동사무소 여직원의 얼굴에 미소는커녕 전혀 못 들어 본 질문을 받은 것처럼 의외의 질문을 받은 듯 충격적인 답을 했다.

"여기는 위장전입자들이 많아 그런 것 없어요."

문제는 여기서 끝나지 않았다. 아들이 전학할 중학교를 방문했다. 그리고 새로 공부할 교재를 수령하기 위해 해당 교사를 만났다. 그랬더니 실제 부모님이 전입해서 살고 있는지 실사 후 교재도 수령할 수 있다는 충격적 답을 또 들었다.

결국 지난 24일(수) 학교를 찾았다 헛걸음하고 집으로 돌아왔고 다음날 25일(목) 오전 학교 측에서 우리 사는 집을 실제 방문하여 이사 온 것을 확인하고 난 후 비로소 오후가 돼서야 신학기 교재를 수령할 수 있었다.

이렇게 된 이유, 그것은 이곳이 서울 근교 역세권으로서 부동산 투기 지역이기에 그런 모양이다. 즉, 위장전입자가 많은 지역이 이곳이다. 방송이나 말로만 듣던 위장전입, 즉 실제 살지 않으면서 사는 것처럼 위장하는 사람들이 이익을 챙기는 지역이다.

그러나 그 손해는 고스란히 우리 같은 선량한 사람이 당한 것을 생각하니 한편으로는 속상했고 그렇게 취급하는 동 직원과 학교 측이 그들의 업무 수행상 하는 것임을 모르는 바 아니었지만 그래도 야속했다. 목회하면서 이곳 지역에 와서 지금까지 다른 어느 지역과 달리 전혀 경험해 보지 못했던 교회 외적 변수로 처음 겪어 본 일이다.

이런 어처구니없는 일을 겪고 난 후 아들의 뼈 있는 말이 일품이다.

"엄마, 내 성적표 그 학교에 보여 주지 그랬어."

15

교회 옥상에 참새 둥지

🍃 부임했던 교회의 옥상이 슬라브로 되어 있어서 그 이전에 방수 공사를 하였다. 슬라브 위에 지붕을 씌워 덮었더니 더 이상 비는 새지 않게 되었다. 그러다 보니 그 옥상에 지붕하느라 씌운 사이로 약간의 틈이 군데군데 생겼던 것 같다.

교회 주변 지역은 참새가 많이 서식하는 곳인지라 바로 그 지붕 덮인 옥상 틈새로 놀라운 것은 참새가 들어와 지푸라기를 어디서 그토록 잔뜩 물어 왔는지 모퉁이마다 참새 집이 지어져 있는 것을 발견하게 되었다.

2층 목양실에 있노라니 하루는 3층 옥상에서 참새 소리가 나기에 소리 난 곳을 따라 가 보았다. 그런데 지붕이 썩어 있는 그 캄캄한 옥상 몇 곳에 참새 집이 있고 그 둥지마다 새끼들이 있는 것 아닌가.

이 모습을 보면서 새들도 자기 새끼들을 향한 어미 새의 심정을 헤아릴 수 있었다. 새 입이라고 한들 그 작은 입으로 얼마나 많이 물고 올 수 있을까. 한 번에 여러 개를 물고 오기도 힘든 한계성, 그토록 많이 쌓아 놓은 지푸라기 뭉치를 보면서 그 왕복 횟수가 가히 상상이 되질 않는다. 사람처럼 일꾼이나 기계를 사서 한 것도 아니고 기껏해야 부부 새이든지 아니면 아빠 새 혼자이든, 어미 새 혼자이든 했을 테지만 새끼 둥지를 지어 안전하게 보호하려 한 그간 고생을 생각하니 한편으로 감동이다 못해 눈물겹다.

살펴보았더니 문 입구 한쪽에만 다섯 마리의 예쁜 어린 새들이 둥지에 살고 있다. 사진 찍으려고 후레쉬를 비치고 모으려 하자 아직 날기가 변변치 못한지라 푸드덕거리며 놀란 듯 도망쳐 숨는다.

몇 번을 들어가 보았지만 그때마다 어미 새는 보이지 않는다. 낮 시간 동안 어린 새들은 배고파 어미 새에게 신호를 보내는 듯 지저귀는 소리가 우는 소리로 들리는데 어미 새는 먹잇감 구하느라 아직 못 오나 보다. 모성애는 비단 사람만이 아니라 동물이나 조류들을 통해서도 배우게 된다.

어릴 때 경험한 것 중에 어미 닭이 병아리를 데리고 마당에서 다니던 중 사람이 병아리를 건드리면 그 어미닭은 평소와 달리 사람일지라도 여지없이 달려들어 공격하는 모습을 보았다. 새끼를 지키려고 온몸을 던지는 모습이 흡사 사람의 살신성인 정신과 같았다.

또한, 어릴 때 짓궂게도 나무에 지어진 새를 잡기 위해 올라가 그 둥지에 가까이 가면 어미 새가 역시 새끼를 지키기 위해 날아와 사람을 공격하는 모습도 경험해 보았다.

이처럼 "어머님의 희생은 가이없어라"라는 〈어머니 마음〉의 가사처럼 새들의 모성애도 크게 다르지 않아 보인다. 그 크고 포근하게 만들어진 둥지를 보아도 그렇고, 어디서 그런 재료를 구해 오는지, 얼마나 많은 왕복을 했는지 헤아려 보아도 쉽게 납득이 되질 않는다. 더욱이 그런 틈 사이로 집을 짓기 위해 어떻게 들어왔는지 생각해 보아도 그렇고, 어떻게 그곳에 새끼가 있는지 알고 잊지 않고 정확하게 들어오는지도 신기하다. 이 모두가 새끼를 낳고 키워 혼자 날 수 있을 때까지 쏟아 붓는 모성애의 본능인가 보다.

이토록 참새 한 마리도 하나님이 허락하시지 않으면 땅에 떨어지지 않는다고 하시며 우리들의 영혼을 지키시고, 우리 머리털까지도 세실 정도로 많은 참새보다 우리가 귀하다고 하신 말씀에 따르면,

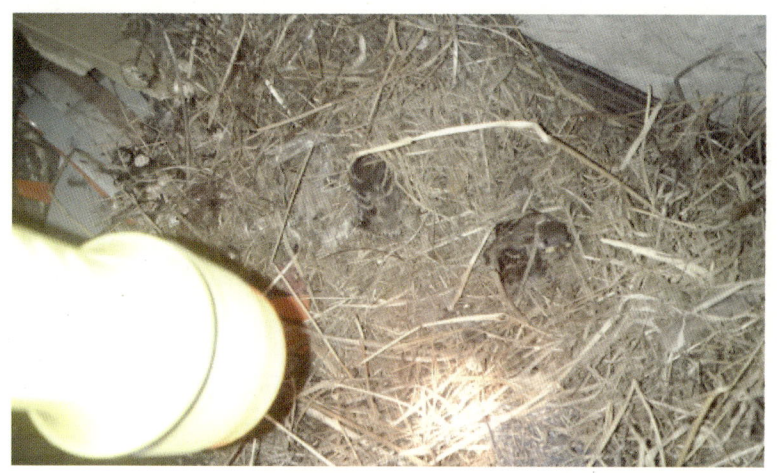
옥상에 지어 놓은 참새 집

재미있는 것은 하나님이 우리를 참새에 비유셨다는 특이한 점이다 (마 10:29-31).

"개미에게 가서 배우라"(잠 6:6)라는 말씀은 게으른 자에 주는 교훈이다. 그렇다면 참새에게서도 배우라는 직접적인 말씀은 없지만 이와 비슷한 교훈이 있다.

> 공중의 새를 보라 심지도 않고 거두지도 않고 창고에 모아들이지도 아니하되 너희 천부께서 기르시나니 너희는 이것들보다 귀하지 아니하냐(마 6:26).

알고 보니 그렇다. 새는 자기가 심어 거둔 것을 먹는 것이 아니다. 참새가 우리 교회에 들어오되 주인의 허락 없이 어찌 보면 무허가, 무단으로 들어와서 지었으니 과태료, 나아가 철거 대상이다. 집 재료도 먹이도 모두 사람이 만들어 놓은 것 또는 자연에서 나는 것 가져다가 짓고 먹였으니 정말이지 그 새들이 직접 심어서 거둔 것 하

15. 교회 옥상에 참새 둥지 73

나도 없다. 그래서 하나님이 기르신다고 단적으로 말씀하시나 보다.

이 말씀은 의식주 때문에 염려하고 사는 우리들에게 주시는 교훈이다. 아마도 참새를 통해 나에게 그리고 우리 교회에 교훈하시는 바가 있나 보다. 귀찮고 배설물도 쌓이고 혹시 사체가 되어 악취가 나고 비위생적일까 걱정도 되는 것이 사실이지만 주님도 참새를 통해 교훈하셨으니 그 참새가 해롭다고 볼 것만은 아닌 듯하다.

창조의 원리에 따른 종족 번식은 비혼 시대, 저 출산을 주장하는 우리들에게 교훈하는 것 같다. 또한, 집짓기 위해 쉽게 들어올 수 없는 곳을 택한 것을 보면서 새들에게서도 훌륭한 도전정신과 모험심을 배운다. 그뿐만이 아니다. 어마어마한 둥지를 보면서 포기하지 않는 정신과 모성애의 집념을 배우게 된다.

그리고 무엇보다 하나님이 만들어 놓으신 그 자원들(사람들이 사는 집, 곡식, 자연의 먹잇감 등)을 얼마든지 무료로 갖다 쓰고, 받은 만큼 자연 생태계에 도움을 주는 새들이라 여겨지니 참새에게서도 배우라고 교회 안에 집을 짓게 하셨나 보다.

16

진한 감동이 있는 가정 심방

🍃 목회자와 성도 간의 소통을 위한 중요한 목양적 돌봄 중의 하나를 들라고 한다면 그중의 하나가 심방(尋訪)이 아닐까 한다. 심방의 사전적 정의는 "찾아가서 만난다"이다.

춘계 대심방이 계속되던 어느 날이었다. 어느 가정은 오전에, 또 어느 가정은 오후에, 그런가 하면 직장인은 저녁이나 주말을 이용하여 가정을 찾아 예배를 드리는 형식은 공통이다.

그런데 심방 시간도 목사의 시간에 맞춰 받으려는 가정을 보면 같은 심방이라도 그 좋은 매너에 달리 보인다. 또 목사의 수고를 조금이라도 덜어 주려고 직접 픽업을 해서 심방을 받고자 하는 분들에게도 고마울 따름이다.

다소 문제는 제한된 시간 안에 하다 보니 막상 이야기를 나누려 하다가도 사실 별다른 이야기도 나누지 못한 채 그 가정을 나서야 하는 경우가 더 많아 항상 아쉬움으로 남는다.

그런 가운데서도 심방할 때마다 늘 감동을 주는 가정이 있다. 이번 심방 중에는 어떤 가정은 교회 나오지 않는 남편들이 지난해와 달리 그 예배 자리에 함께 참석하여 말씀을 전하면서 그들과 잠시라도 대화를 나눌 수 있는 기회가 마련되어 참 고마웠다. 교회 나오기가 그토록 어려운 그들에게 비록 가정에서라도 심방을 통해 복음을 접할 수 있게 되었으니 큰 보람이 아닐 수 없다.

사실 예배 자리에 앉아 있기에는 믿지 않는 그들 입장에서 보면 솔직히 가시방석 같고 왠지 부자연스럽게 느낄 수밖에 없다. 그래서 어떤 가정은 아예 미리 피하는 이들도 없지 않다. 그러기에 이것 또한, 함께 기도하면서 절실한 마음을 가지고 풀어 나가야 할 우리의 과제이다.

한편, 지난번에도 그러했지만 이번 심방을 하면서도 또 진한 감동을 그 집사님이 하는 말을 통해 그 어떤 보양식보다 힘을 얻게 된다. 이 가정은 새 집으로 이사하면서 심방예배를 겸하여 드리게 되었다. 그러면서 집사님은 다른 아는 분들이 이사 축하를 하러 온다고 했을 때, 아직 목사님 모시고 심방예배를 드리지 않았기에 이후에 오라고 했다는 것이다.

목회하면서 이런 말은 처음 들어 보았다. 그렇게도 그 마음 씀씀이와 맵씨가 아름답고 신앙의 기초가 잘 다져져 고품격이 풍겨 나는 분이라고 여겨졌다.

심방예배 전이니 그 이후에 오라는 말을 누가 쉽게 할 수 있겠는가?

또 심방예배와 아무 상관없이 지인들이 축하하러 찾아온다고 한들 무슨 잘못이나 순서에 어긋나겠는가?

이 집사님의 예쁜 마음은 여기서 끝나지 않았다. 이어서 하는 말이 내게는 가히 압권이었다.

"목사님의 사택을 먼저 새집으로 옮겨 드리고 이사해야 하는데 우리가 이렇게 새집으로 와서 죄송합니다."

만의 하나 빈말일지라도 이런 말은 아무나 할 수 있는 말이 아니었다. 더욱이 충분히 들을 만한 가치가 있고 생명력 있는 말이었다. 그런데 그분의 말은 평소 그분의 삶에서 보여 주듯이 내가 듣기에도 진정 어린 마음에서 우러나온 말이라고 믿어졌다. 그러자 옆에서 들고 있던 어느 권사님이 말했다.

"어떻게 그런 말을 하셔요?

우리는 그런 생각도 못했는데 …"

그런 말을 하는 모두가 다 고마운 분들이었다.

성도들이 잘되고 축복받는 것보다 더 흐뭇한 일이 또 어디 있 겠는가!

그러면서 이런 말을 떠올리며 위로를 삼는다.

큰 저택이나 새집이야 돈으로 살 수 있으나 단잠은 돈으로 살 수 없다. 밤마다 쥐가 소란을 피우고, 여름 땡볕이 천정에서 쏟아져 소방대원까지 출동할 만큼 우리 두 아들에게 좋은 사택을 제공해 주지 못하는 아빠이지만 먼 훗날 두 아들이 자라 서민의 아픔을 외면하지 않고 마음껏 내 가진 것 내어 줘도 계산할 수 없을 만큼 남음이 있는, 이기적인 세상에서 존경받는 리더로 살아간다면 더 바랄 것 없으리.

17

신발 방향만 바꿔 놓아도 …

🍃 우리 성도들에게는 다른 사람의 마음을 흐뭇하게 해 주는 몸에 밴 좋은 습관이요 눈에 띄는 특별한 배려가 있다. 그것은 내가 출입하는 곳에 벗어 놓은 신발에 관한 이야기이다.

종전에는 대부분 강단에 신발을 벗고 등단하는 구조였는데 이미 오래전부터는 신발을 신고 오르는 경우가 대체적인 추세이다. 우리 교회는 아직 강단에 오르기 전 강단용 슬리퍼로 바꿔 신고 등단한다(사진 1).

이렇게 새벽이건 주일이건 모든 예배 때마다 강단에 올라갔다 내려오는 경우라든가, 2층 목양실에 벗어 놓는 신발(사진 2)이라든가 혹은 심방하느라 성도 가정에 벗어 놓은 신발 등 어느 곳이든 들어갈 때 방향으로 벗어 놓은 신발을 본 성도들 중 항상 지정된 분들의 수고로 나갈 때마다 신기 편하도록 바꿔 놓는 경우를 자주 경험한다.

어쩌면 그렇게 하리라고 하는 마음과 합해 행동으로 옮기기까지는 불과 1-2초 시간의 배려에 불과하겠지만 그 순간 나에게는 매번 큰 기쁨과 감사로 다가온다. 이런 배려는 비단 나에게만 국한하지 않고 누구 신발이든지 보는 대로 그렇게 하는 것이 생활화된 우리 성도들의 권장할 만한 장점이다.

언제부터 그랬는지는 모르겠다. 혹 어떤 교육을 통해서인지, 또는 TV나 영상 매체를 통해 마음에 와 닿아 적용하면서 부터서인지, 아니면 누군가로부터 배운 영향에서인지, 구체적인 동기에 대해서 아직 파악한 바는 없다.

하지만 가만히 생각해 보면 이 배려는 기실 아주 손쉽게 할 수 있는 선한 일임에 틀림없다. 이 선한 행위는 우선 돈이 들지 않으면서도 무척 귀하게 여겨진다. 따뜻한 마음이 금세 전달되어 오는 느낌을 받는다. 동시에 오랜 여운이 남기도 한다. 시간이 별도로 들지 않을 만큼 금방 실행으로 옮길 수 있다. 무엇보다 중요한 것은 그런 배려를 할 수 있다는 것은 상대방에게 그만큼 관심이 있다는 증거일 것이다.

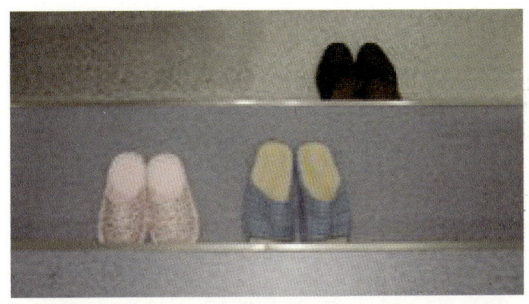

설교단 앞 계단

2층 목양실 출입구

이런 그들의 선한 행위는 다른 사람의 마음을 무척 흐뭇하게 함은 물론 나아가 그 신발 당사자들에 대한 따뜻한 사랑과 섬김의 마음을 지니고 있다는 표현이 아닐까 하여 그 선한 일을 사뭇 높이 사고 싶다. 신발 방향만 바꿔 놓는 단 몇 초의 순간적인 배려가 이를 받는 사람에게는 얼마나 여운이 오래 지속되는 큰 기쁨이 되는지 모른다.
　이에 신발을 벗어 돌려놓는 문화에 대해 어느 사이트에 실린 글을 찾아보니 일본인들의 습관이었다. 자신이 벗어 놓은 신발을 그 자리에서 바로 돌려놓는 것이 그들의 습관이라고 기록하고 있다.
　즉, 되돌아나갈 때 편리하게 다시 이용할 수 있도록 하기 위해 신발을 벗자마자 바로 돌아서서 구두코가 앞쪽을 향하게 신발을 돌려놓으며, 공용으로 신는 신발 역시 사용한 경우에는 다른 사람이 편하게 사용할 수 있도록 돌려놓는다고 한다. 초대를 받아 남의 집에 방문할 때도 마찬가지이다. 특히, 자신의 신발을 돌려놓지 않으면 집주인이 신발을 돌려 정리해야 함으로써 실례라고 생각하기 때문이라는 것이다.
　반면에 한국인의 오랜 풍속은 이와는 정반대였다. 신은 벗은 모습 그대로 집안을 향하게 놓아 두는 것이 도리어 바른 예법이라고 한다. 손님의 신을 돌려놓지 않는 이유는 오래 머물다가 가시라는 의미요, 집을 나설 때는 집을 들어설 때 벗어 놓은 그대로 두어야 뒷걸음질하며 신을 신음으로써 서로 헤어지는 것이 아쉬워서 여전히 마주보고 인사를 나눌 수 있다고 한다.
　그런가 하면 신발 방향을 집 안쪽으로 하는 것은 산 사람이요, 신발 방향을 바깥으로 돌려놓는 것은 죽은 사람의 신발이라 했다고 하는 전설이 있다 한다.
　그렇다면 이걸 어쩌나?

앞에서 언급한 성도들의 선한 행위가 도리어 큰 실례가 되어 버리는 것이니 어쩌면 좋을까?

일본 전통을 따르자면 문제가 없을 것 같으나, 우리나라 전통을 따르자니 지금까지 선한 일을 중지 선언해야 할 고민과 갈등에 직면하게 되었으니 ….

어느 쪽이 신뢰할 만한 신빙성 있는 근거인지는 아무래도 어느 민속학 전문가에게라도 자문을 구해야 할 것 같다.

18

들리지 않는 설교로
시간 고문(?)한 목사

🌱 '감정노동'이란 단어는 백과사전에 정식으로 등장하는 용어이다. 이것은 직업상 자신의 감정을 억누르고 정해진 감정만을 표현할 때 일컫는 용어이다. 이와 같은 맥락에서 시간 노동도 있을 수 있겠다 하는 생각을 최근 한 성도의 가정 심방을 통해 대화하던 가운데 잠시 해 보았다.

일각여삼추(一刻如三秋)란 일각(15분)의 시간이 마치 3년과도 같이 지루함을 의미한다. 좀 격하게 표현한다면 피할 수 없는 어느 일정 시간을 억지로 참아야만 하는 시간 고문당하는 것과 같은 시간을 보내야 할 때 적용할 수 있는 말이다.

목회자가 매주 하나님의 말씀을 대언하는 설교를 준비하는 것은 사실 보통 쉬운 일이 아니다. 어쩌면 해산의 수고라고 해야 할 만큼 늘 부담스럽지만 온 열정을 쏟아내야만 하는 일이다.

매번 영감을 받아 전한다 해도 성도들이 듣지 않으면 허공에 외치는 메아리일 뿐이다. 그럼에도 불구하고 말씀을 청종하고자 하는 분들로 인해 설교자는 보람을 찾고 힘을 얻는다.

지난주 어느 권사님 댁 대심방하면서 알았던 사실이다. 주일 낮 설교 때 무슨 말씀했는지 끝나는 시간 내내 도무지 들리지 않았다는 것이다. 그러니 '일각여삼추'란 말이 이럴 때를 두고 하는 말일 게다. 이유인즉슨 연세가 80 가까운 분으로 보청기를 껴야만 소리를 들을 수 있는 분이기 때문이다.

　권사님의 기억으로 오래전 군 직무 수행 때 가까이서 비행기 등 큰 굉음소리 나는 곳에서 근무하다 보니 청각이 그런 것 같다는 말씀이었다. 하지만 반드시 매 주일 예배하는 시간만큼은 어려운 환경임에도 불구하고 철저히 드리는 분이다. 세상적으로 볼 때 육사를 거쳐 부사단장(대령 예편)까지 역임하신 지휘관이셨고 당시 국가 안보에 크게 공헌한 족적(足跡)을 남긴 분이다. 더욱이 그날 가서 새삼스럽게 안 것은 영어로 성경을 보시고 영어 스피치가 가능할 정도로 지성과 영성을 두루 갖춘 인텔리이다.

　그런데 그 이전까지는 그렇지 않았는데 지난 주간 주일 낮에 소리가 들리지 않아 예배가 너무 힘들고 고통스러웠다고 그 당시의 심정을 털어놓으셨다. 이 이야기를 듣고 들리지 않은 설교를 끝날 때까지 듣느라 마음고생하게 한 내가 고통의 가해자같이 자책이 들었다. 힘들게 참석한 예배인데 그나마 설교가 들리지 않았다고 하니 방송 장비를 탓하기 전에 설교자로서 무거운 책임감이 이만저만이 아니었다.

　이에 그날 가정에서 드린 심방 설교라도 온 힘과 마음을 다하여 또박또박 최대한 명료하게 그리고 큰 목소리로 주일 낮 못들은 것을 배상이나 해 드리듯이 전했다. 끝나고 나자 권사님은 너무 마음이 시원하고 풍성해졌다고 흡족해 하셨다. 그리고 집에 돌아와서 지난 주 못 들으셨다는 설교 원고도 스마트 폰으로 전송해 드렸다. 그랬더니 이렇게 답신을 보내 주셨다.

　"보내 주신 설교 원고 은혜롭게 잘 읽었습니다. 오늘 심방 오셔서 주신 큰 믿음에 관한 말씀 감사히 받았습니다. 감사합니다."

　이 권사님을 1년 반 전부터 처음 만난 이후 지금까지 뵈면서 이번 기회에 칭찬하며 알리고 싶어 생각나는 대로 열거해서 독자들과 나뉘 보고자 한다.

목회자에게나 성도들에게도 겸손하다. 매주 예배 시간에 거의 약한 시간 전에 가장 일찍 도착한다. 오랜 군 지휘관 출신임에도 주장하는 자세가 전혀 없다. 나중에 참모총장까지 된 분들의 장군들을 많이 모셔서 그런지 목회자를 매우 존중하는 자세를 견지한다. 하나님 말씀을 사모한다. 성경을 매년 여러 번 완독한다. 지금도 물질에 대한 욕심이 없다. 암기력이 뛰어나다. 매우 젠틀한 인품을 지녔다. 복음에 대해 확실하고 체험적 믿음으로 변함이 없다. 연세를 뛰어넘는 열정이 넘친다. …

그러면서 이런 궁금한 질문을 드려 보았다.

"군에 계실 때 좀 타협도 하시고 술자리도 하시고 했으면 별도 달수 있는 장군의 기회가 있지 않으셨을까요?"

그러자 권사님은 불평이나 다른 장황한 설명을 할 수 있을 텐데 이렇게 답변하셨다.

"아닙니다. 그 자리(대령예편) 있게 된 것만으로도 감사하게 생각합니다."

잘 들리는 육체적 청각을 가진 분보다 훨씬 더 따뜻한 마음, 건강한 마음의 귀를 가지고 사시는 권사님은 소박하게 과수농사를 지으면서 영혼의 말씀과 이마에 땀을 흘리는 노동을 게을리 하지 않는 규모 있고 성실의 본이 되는 분이다.

19

강화 들녘에서
두루미를 보는 낭만

🍃 얼마 전까지만 해도 미지의 땅이었던 강화, 이곳에 부임한 이후 그다지 관심 없게 지나쳤던 넓게 펼쳐진 들녘이 최근 새삼스럽게 내 마음에 다가왔다. 관심 없다는 이유는 어릴 적 시골에서 논과 밭에서 밤낮 일하며 자라온 게 하루의 일과였기 때문이요, 그럼에도 불구하고 최근 색다르게 다가온 이유는 수십 년 만에 논 한가운데 날아온 두루미를 목격하면서부터이다.

그런 이곳의 논들이 반듯반듯하게 경지 정리와 수리 시설이 잘 되어져 있음을 본다. 자동차나 농사용 기계들이 다닐 수 있도록 농로들이 잘 닦여져 있어서 농사짓기에 편리하게 되어 있다. 지금은 거의 모든 논이 모내기를 마친 상태여서 갈색 들판이 초록색으로 바뀌어 있다. 이곳 중부가 호남 쪽보다 추운 지역이어서 그런지 모내기 농사가 다소 빠른 것 같다.

모름지기 80년대까지만 해도 일일이 품앗이로 모를 심던 아기자기한 광경은 이제 찾아볼 수 없다. 그 넓은 논들이 기계화되어 손쉽게 심는 시대이기 때문이다. 당시 마을 사람들이 서로 품앗이를 해서 모내기를 할 때는 양쪽에서 직접 줄을 떼면서 일일이 손으로 심던 모내기 방식이었다.

그러나 요즈음은 벼농사의 경우 손으로 모를 심는다는 것은 그만 만한 인력도 못 미칠 뿐 더러 불가능하기에 지금은 기계화가 되었다는 장점이 있다. 다만 손으로 심을 때 논두렁에서 볼 수 있었던 아름다운 풍경이 그리워진다. 갓 지어 온 수북한 밥 한 그릇에 통통한 갈치조림, 맛깔스런 상차림으로 일하는 사람은 물론 주위에 동네 사람 다 불러들여 점심, 또 새참 먹던 훈훈한 인간애가 사라져 버렸다는 아쉬움이 크다.

그러는 가운데서 그 당시 보아 왔던 흔치 않은 한 가지를 오랜만에 볼 수 있게 되었다. 그것은 나리가 늘씬하고 부리가 긴 자태가 일품인 하얀 두루미들을 보는 순간 마음이 기뻤다. 이에 지난 주간에는 작심하고 좀 더 그들을 가까이 스마트폰으로 포착하기 위하여 논두렁길을 따라 걸으며 동영상까지 담아 두었다.

강화 들판에 서식하는 두루미

게다가 두루미가 있는 곳에는 청둥오리들도 늘 함께 다니는 것을 볼 수 있다. 먹을 것이 많은지 논 한가운데서 먹잇감을 찾는 그들을 보며 낭만에 젖는다. 아마 그들도 강화가 청정 지역인지 아는가 보다. 아니 그들이 논에서 자연식 먹이를 매일 먹는 것을 보니 그들을 통해 강화가 청정 지역임을 알려 주는 매우 근거 있는 증거가 아닐까. 이 또한 강화 쌀이 유명한 이유이기도 하다.

어린 막내를 데리고 이 현장을 그대로 보여 주었다. 기껏해야 책에서 보는 정도 아니면 방송에서나 피상적으로 볼 수 있는 두루미, 이들을 직접 눈으로 목격할 수 있는 생생한 자연생태 학습, 자라나는 어린이들의 정서에도 도움이 되고도 남는다.

이렇게 자연이 깨끗하고 생태계가 보존되어 논에서 볼 수 있는 두루미들, 개울가에서 손쉽게 보고 잡을 수 있는 가재와 다슬기들을 우리나라 어디서든 어렵지 않게 볼 수 있는 날은 다시 올 수는 없을까?

20

귀도 잡수신다(?)

🍃 우리 말 중에는 참 재미있는 말이 있다. 그 중에서도 단연 압권이라 할 수 있는 말 그것은 우리나라 말에서만 통할 수 있는 특유한 용어가 있다. 예컨대, '~을 먹다'이다. 일반적으로 '먹다'는 주어가 행하는 자동사로서 '밥을 먹다'와 같이 입으로 음식을 섭취하는 것을 말한다.
그런데 사람에게 다양한 형태로 변형되어 사용된다.

- 이를테면, 밥을 얼마나 오랫동안 먹었느냐를 따져서 **나이 먹다**.
- 낮의 기온이 숨 막힐 정도이고 밤까지도 열대야가 지속되는 경우 쓰이는 말이 **더위 먹다**.
- 입으로 먹는 것 말고도 또 얼굴 중에 쓰이는 말이 **귀먹다**.
- 자존심이나 체면에 손상을 입을 때 **쫑코 먹다**.
- 마음에 고통을 일컫는 말로 **골탕 먹다**.
- 운동 경기에서 실점을 당할 때 쓰이는 말로 **골 먹다**.
- 무언가 부정한 방법으로 뇌물 등을 취했을 때 **해 먹다**.
- 남에게 욕설이나 비난 등을 당할 때 **욕먹다** 등 ….

아마도 이런 용어는 아마도 우리 민족이 살아온 과거 어두운 시대의 역사를 반영하고 있는 까닭이 아닐까 생각해 본다. 즉, 너무 가난해서 제대로 먹지 못한 한에서 기인했을 것이라는 추측이 가능하다.

내가 시골에서 어릴 때 자라면서 들은 옛 어르신들의 인사는 주로 "진지 잡수셨습니까?"이다. 지금도 귓가에 생생하다. 한 끼를 제대로 먹을 수 있는 시대가 아니었기 때문이다. 이렇게 저렇게 우리 국민들 의식 속에는 먹지 못한 한 그리고 이것은 우리 언어 문화 속에 들어와서 자연스럽게 일상용어가 되었고, 결국 우리가 사는 삶의 모든 영역에 반영되어 나타난 것으로 해석할 수 있다.

지난주 할머니 세 분이 이야기 나누시는 것을 듣게 되었다. 이야기 도중에 귀가 잘 안 들려 듣지 못한 분에 대해 말씀하기를 '귀가 많이 잡수셨다'는 것이었다. '귀먹다'를 '귀 잡수셨다'라고까지 존칭어 아닌 존칭어를 쓰는 것을 들으면서 참 우리말이 재미있다는 생각을 한 적이 있다. 물론 무슨 말인지 어의는 충분히 전달되고 알지만 한편으로 곰곰이 생각해 보면 어색한 표현이 아닐 수 없다.

따라서 위에 말한 이런 것들을 그동안 원치 않게 많이 먹었을지라도 이제부터는 그만 먹이고 먹을 필요가 없을 것 같다. 왜냐하면, 그것들을 먹는 들 추호도 도움이 되는 것이 아니기 때문이다. 말은 뇌를 지배하기 때문에 말이라도 그런 말들은 나에게 굳이 입력시킬 필요는 없다.

대신 이와 비슷하지만 다른 방면에서 먹어야 할 말이 필요하다면 이런 말을 많이 사용해 보면 어떨까 싶다.

"우와! 감동 먹었다."

"사람은 꿈을 먹고 자란다."

"나는 날마다 말씀을 먹고 살리라."

1977년 4전5기 신화의 주인공이자 헝그리 복서였던 홍수환 선수는 1974년 세계 챔피언이 되고서 링 위에서 그의 어머니와의 전화 통화에서 한 말이 유명해져 회자된 적이 있다.

"엄마, 나 챔피언 먹었어!"

이 정도는 제법 괜찮을 것 같다.

매일 연이은 염천 더위에 속 시원한 소식이 들려오고 그래서 감동을 먹고 생수 같은 말씀을 은혜로 먹음으로써 더위 먹지 말고 이번 여름을 이기는 네티즌들이 되기를 축복하는 바이다.

21

밤 좋아한다고 했더니

🍃 강화는 이른바 삼원색의 조화가 아주 잘 어우러진 천혜의 지역이다. 그 이유는 강화도라는 지역이 말해 주듯 바다 물결 넘실거리는 갯벌의 바다, 어디를 가든 가을이 되면 벼가 익어 가는 황금 들판, 그리고 일명 영산이라 일컫는 마니산을 비롯 병풍처럼 펼쳐진 녹음이 가시지 않은 산들로 둘러 있기 때문이다.

그 가운데 강화 들녘에 피땀 흘려 심어 놓은 추수할 곡식들은 실로 풍성하다. 그런가 하면 누군가에 의해 이미 오래전에 심기어졌기는 하지만 일반적으로 농부가 매년 밭에 심어 재배하고 가꾸는 농작물이나 과수와는 달리 사람의 아무 수고도 없는데도 토실토실 열매 맺는 밤나무와 같은 대표적인 고마운 유실수도 있다.

어느 주일 낮 예배 설교 내용 중에 감사에 관한 말씀을 증거하면서 일부 소재를 바로 교회 아랫집 밤나무에 대한 언급을 하게 되었다. 그 주요 내용은 이런 내용이었다.

특이하게도 겉은 날카로운 가시로 둘러싸인 밤송이가 요즘처럼 조석으로 시원한 바람이 부는 가운데 스스로 입을 열어 높은 곳이든 낮은 곳이든 저마다 한 톨 한 톨의 밤알이 낙하하여 누군가의 손에 들어가기를 기다린다. 나는 이 싱그런 햇밤 찐 것을 좋아한다고 했더니 이런 얘기를 흘려 버리지 않고 귀담아들은 교우들이 있었던 것 같다.

교회 담장 곁 밤나무

성도들이 가져온 알밤

이에 주일과 그 다음날 "목사님이 설교 시간에 밤 좋아하신다고 해서 햇밤 모은 것 가져왔어요"라고 하면서 주일에는 원로장로님, 또 다음날은 권사님이 정성스런 마음으로 사택을 찾은 게 아니겠는가!

그분들은 내가 좋아한다는 밤을 비닐 팩에 담아 왔지만 돌이켜 생각해 보니 그 이전에 그분들의 마음에 내 말을 담는 데서 시작되었다. 그리고 사랑의 마음을 행동으로 옮기기 위해 밖에 나가 그 밤을 주워서 그리고 마음의 봉지에 담아 오신 것이라고 해석되었다. 그 마음이 더 고마웠다.

그 외에도 여러 교우가 사랑의 마음을 담은 다양한 선물 꾸러미를 명절선물로 보내 주셨다. 감사를 전하려고 이웃집 밤나무 예를 들어 그 밤나무가 사람의 수고가 전혀 없이도 꽃이 피고 열매 맺어 밤송이가 된 후 스스로 입을 열어 땅에 떨어져 사람에게 유익한 먹거리가 되어 주니 얼마나 고마운가라는 평범한 소재에 착안해 얘기했을 뿐인데 교우들로부터 주님의 은혜로 인한 감사가 넘쳐 났다.

우리가 주님과 풍성한 은혜를 누리는 길은 성령의 교통(코이노니아, 고후 13:13)으로만 지속될 수 있다고 본다. 이와 같이 목회자와 성도와의 좋은 관계도 말씀을 어떻게 받느냐에 있는 것 같다. 피차 그 속에 성령의 영적 교감이 이루어질 때 은혜 안에서 자라가게 되고 여기에 넘치는 감사가 따른다.

주님으로부터 받은 최고의 은혜는 말할 나위도 없이 구원의 은혜다. 나는 평소 이러한 주님을 진정으로 믿는 믿음의 사람이 가져야 할 감사에 대한 지론(持論)이 있다.

- 미리 감사 또는 가불 감사!
- 받는 감사 너머 주는 감사!
- 전천후 감사!
- 그리 아니하실지라도의 감사!
- 그럼에도 불구하고의 감사! …

따라서 나머지 우리가 가진 모든 소유, 상대적 우위에서 오는 지위나 권력이나 명예, 그리고 대단한 자랑거리 등 그 어떤 것일지라도 오직 복음을 위한 구원의 은혜를 증거 해야 할 부수적인 것들에 지나지 않는다는 사실이다.

22

강단 펌프와 마중물

평소 늘 생각하던 소품 중에 꼭 설교단에 설치해 보고 싶은 것 하나가 있었다. 그것을 내가 섬기는 교회 예배당 강단에 그 소품을 설치하게 되었다.

설교단 우측에 아기자기하게 자리 잡은 바로 펌프 수도이다. 몇 가지 소품이 주연인 이 펌프의 상징성을 돋보이도록 조연급 배우 같은 역으로 받쳐 주고 있다. 교회 부임 후 첫 주 설교 때 성경 속에 나오는 인물 중에 남을 시원케 해 주는 사람으로 등장하고 있는 세 사람(스데바나, 브드나도, 아가이고, 고전 16:17-18)을 설명하면서 이들을 가리켜 '마중물 신자'라고 별명을 붙였다.

마중물이라고 붙인 배경은 이렇다.

지금처럼 수도세를 내는 상수도가 생기기 훨씬 전으로 거슬러 올라간다. 동네 한 공동우물에서 두레박으로 길은 물을 물지게로 길어 나르다 형편이 좀 나아져서 생긴 것이 각 가정에 지하수를 생활용수로 사용하게 된 이 펌프 수도이다. 그런데 어떤 펌프는 사용 후 물이 빠지곤 했다. 이때 펌프에 물 한 바가지를 붓고 뿜으면 다시 물이 콸콸 쏟아져 나온다. 당시 기억으로 이 펌프물의 특징은 겨울에는 따뜻하고 여름에는 배 속 깊은 곳까지 시원한 냉장고 속에서 꺼낸 것과 버금가는 냉수였다.

그런 펌프를 강단에 설치했으면 좋겠다는 바람을 피력한 이후 2주가 지난 어느 날이었다. 너무너무 센스 있으신 우리 교회 권사님이 내가 한 말을 흘려 버리지 않고 기억해 두었던 것 같다. 그리고 내가 원하는 그 소품을 영락없이 준비해 오시니 감동이었다(사진).

그다음 주 수요예배 설교 시간에 "충성된 사자는 양약(良藥)이고 얼음 냉수 같아서 주인의 마음을 시원케 한다"(잠 13:17; 25:13)는 말씀을 직접 실물을 보면서 실감 나게 연출해 드렸더니 모두 놀랍고 신선하다는 반응을 보였다.

무엇보다 이 펌프를 설치한 목적은 다름 아닌 이것이었다.

펌프물을 볼 때마다 '내가 남을 시원케 해 주는 마중물 신자가 되어야지' 하는 데 착안했다. 이후 또 생각해 낸 것이 있다.

'내가 선포하는 말씀이 저렇게 펌프에서 펑펑 쏟아져 나와 목마른 성도들에게 생수의 강이 되어 흘러 들어갔으면 하는 바람을 상징적으로 보여 주고 싶다.'

우물펌프 모형 소품

이 소품이 주는 의미는 여기서 그치지 않는다. 더욱이 "주님의 음성이 많은 물소리와 같다"(겔 43:2; 계 1:15; 14:2)는 구절을 성경에서 발견했다.

그렇다!

이 물소리를 들으면서 무엇보다 주님의 음성을 듣는 시간이 되었으면 하는 간절한 바람을 갖게 되었다.

이후에도 계속 관련된 아이디어를 찾던 중 추가로 소품 하나를 더 구입했다. 그것은 항상 채워진 물통 속에 낚시로 고기를 잡는 어부의 모습이다. 이것은 다름 아닌 그리스도인이라면 주님이 베드로와 안드레에게 "나를 따라 오너라 내가 너희를 사람 낚는 어부가 되게 하리라"(마 4:19)라고 하신 말씀과 같이 이 세상에 사는 날 동안 주님의 소원인 영혼 구원이 나의 소원이 되기를 원하는 마음을 또한 보여 주는 소품이기도 했다.

오늘도 강단에 설치된 펌프에서 흘러나오는 물소리를 듣고 그 소품들을 볼 때마다 시청각적으로 주시는 이런 상징들을 마음에 담고 목회하고, 또 모든 교인 역시 그런 마음으로 살아갔으면 하는 마음이다.

23

고목나무가 들려주는
생명의 소리

🍃 경남 진주에서 사천으로 가다 보면 좌측에 예하리라고 하는 동네를 지나게 된다. 이곳에는 종종 사람들이 찾는 그다지 작지 않은 강주 연못이 있다. 왜냐하면, 그 연못 전체에 특히 해마다 연꽃이 피는 계절이면 그 꽃도 구경하면서 산책 코스로 이용하기에 안성맞춤인 곳이기 때문이다.

그런데 이곳에 내 눈길을 끄는 덩그러니 서 있는 한 고목나무가 내 발길을 멈추게 했다. 물론 별다른 생각 없이 지나치면 그저 볼품없는 나무에 지나지 않는다. 그런데도 나의 시선을 한 눈에 끌게 하는 이유가 있다. 그건 다름 아닌 몸통이 사그라질 만큼 텅텅 비고 음푹 패인 고목나무인데도 사진과 같이 무성한 가지가 갈수록 더해져 가고 있기 때문이요, 그 동안의 심한 태풍에도 굴하지 않고 꿋꿋하게 그 자리를 지키고 있기 때문이다.

생명의 신비함을 이 고목나무 한 그루가 내게 들려주는 듯해서다. 7년 전과 비교할 때 여전히 주축을 이루는 위의 두 가지는 굵어졌다. 그러다 몇 년 지난 사이에 비록 몸통은 빈 채로 그대로 있건만 좌측에 새로운 가지는 더 많은 새 가지가 돋아나 생명의 신비함을 갈수록 더해 가고 있다. 몸통은 크게 달라진 바 없으나 위로 뻗은 두 가지의 굵기를 비교하노라면 7년 전보다 훨씬 더 굵게 자란 것을 볼 수 있다.

경남 사천 예하리 강주연못에 있는 고목나무(2008년)

사람은 나이가 더해 가면 허벅지와 종아리 둘레 모두 가늘어진다는데, 이 나무는 주위의 성성한 나무가 무색할 정도로 나이가 든 고목나무인데도 전혀 다르게 더 왕성한 자태를 뽐내고 있기에 이곳을 찾는 사람들에게 교훈을 주고도 남음이 있다.

이에 살면서 어처구니없는 일이 있거들랑 이 나무가 들려주는 무언의 소리를 들으라 권해 주고 싶다.

이 나무의 몸통처럼 저토록 음푹 패일 만큼 속상한 이들이 있다면, 속이 타들어 갈 만큼 말라 버린 말 못하는 사연이 있는 이들이 있다면, 속을 다 드러내 보였다 도리어 낭패당한 이들이 있다면, 매양 분루를 삼킨 채 속으로 삭히다 멍들고 가슴앓이하는 이들이 있다면, 이 고목나무가 들려주는 무언의 생명의 소리가 큰 뇌성처럼 울려오지 않는가?

"나 좀 보세요!

똑같은 고목나무의 7년 후 모습(2015.5.15)

이렇게 속은 다 문드러져서 금새라도 쓰러질 것만 같아도 꿋꿋하게 서서 새순도 내며 여지껏 살아가고 있잖아요."
그렇다!
얼마나 긴 햇수를 살아왔는지 모를 이 고목나무, 그 썩은 듯한 밑동으로는 금방이라도 쓰러질 것 같이 볼품없어 눈여겨보지 않는 고목나무, 하지만 그동안 혹독한 추위와 더위, 모진 폭풍우 이겨 내고 도리어 7년 전보다 더 많은 가지를 번식해 온 이 고목나무, 더욱이 이 연못 찾는 다수가 잠시 피었다 지는 연꽃 찾는 손님일 뿐 그댈 찾는 이 없어도 외롭게 서 있는 고목나무, 그런 그대가 묵묵하게 그 자리 떠나지 않은 채 보여 주는 생에 대한 강한 의지와 기상이야말로 세상에 시달려 지치고 멍들어 절망한 나머지 생의 의욕을 상실한 채 오늘을 살아가는 현대인들에게 마음 한켠 교훈하되 생명의 신비를 전해 주기에 충분한 메신저라 명명해 주고 싶다.

24

어린아이는 문턱도 힘들다

🍃 전통적인 옛날 집들의 구조상 특징 중의 하나는 방마다 문턱이 높은 것을 들 수 있다. 게다가 문 높이도 낮아 방에서 방으로 이동하다 예사롭게 벌어지는 경험, 그것은 이마를 찍는 고통이었다.

애기가 걷기 직전 타는 놀이 기구 중의 하나가 보행기이다. 대체로 돌이 되기 전까지 애기는 배로 기어 다니다 이어서 보행기를 발로 신나게 굴리며 이곳저곳을 이동한다. 문제는 옛날 집의 경우 문턱이 있는 곳은 어린아이에게는 고통이다. 그 문턱에 막혀 넘지 못하기 때문이다.

목회하면서 시골 전통적인 교회에서부터 서울 대도시 교회까지, 갓 개척한 교회에서부터 100년 넘는 역사를 지닌 교회까지, 문턱 있는 오래된 낡은 사택에서부터 문턱 없이 현대식으로 잘 지어진 사택에 이르기까지 두루 교회를 거쳐 경험해 오고 있다. 그런 교회 사택에서 애기를 키워 보았다. 어린아이 때는 이렇듯 걷기 시작하면서 문턱도 넘기 힘들다. 잘못하면 그곳에 발부리가 걸려 넘어지기 일쑤이다.

이제 아장아장 걷는 늦둥이가 걷기를 즐기기에 외출하여 신발을 신겨 걷게 했더니 몇 번을 넘어졌는지 모른다. 혼자 걷겠다고 하지만 불안하여 손을 잡으면 못내 뿌리친다. 그러자 혼자 걷는 대로 두었더니 조그만 장애물에도 걸려 넘어지고 만다.

마치 초보 운전자의 특징과 같다. 사고의 위험성이 많다. 방어운전은 더더구나 안 된다. 그러나 운전이 숙련되면 자기만 잘하는 것이 아니라 난폭 운전하는 자들에 대비한 방어운전을 할 수 있는 실력이 된다.

경기하는 선수도 마찬가지이다. 세계적 선수는 자기 기량이나 테크닉만 출중한데 그치지 않는다. 상대방의 반칙을 뛰어넘어 자신을 방어하고 나아가 심판의 오심까지도 극복할 수 있을 정도에 이르는 것을 본다. 왜냐하면, 반칙이나 오심도 경기의 일부이기 때문이다.

이런 원리가 목회하면서 경험하는 현장에도 거의 비슷하게 들어맞는다. 성도들 중에는 어른이어도 보행이 어려운 돌 지나기 전의 어린아이 같은 신앙 수준에 머물러 있는 이들도 있고 설사 걷는다손 치더라도 문턱을 넘기 힘들만큼 잘 넘어지는 이들도 보게 된다.

그러나 신앙이 자라서 성숙하게 되면 이런저런 영적 돌부리 같은 장애물들에 걸려 넘어지던 단계를 능히 넘는 것은 물론 더 큰 벽도 스스로 넘을 수 있는 실력을 지닌다. 이런 과정을 잘 통과하면 비로소 좋은 일꾼이 되는 것을 본다.

흔히들 경제는 심리(心理)라고들 말한다. 어렵다고 저축만이 능사가 아니다. 어렵다고 여행 안 가는 것도 아니다. 정작 못 가는 사람들이 있겠지만 갈 만한 사람은 다 간다. 경제는 의외로 심리가 많이 작용한다.

신앙생활도 가만히 들여다보면 분위기이다.

어떤 분은 한때 아무리 예배 중요성을 이야기해도 자기 스타일을 고집하고 편한 대로 하는 것을 보았는데 어느 순간부터 새벽기도회에도 잘 나오는 것을 보게 된다. 내가 그분에게 나오라고 한두 번 지적한 적은 있다. 그러다 어느 예전에 없이 수요 밤 예배 나온 그분을 한 번 칭찬했을 뿐이다.

아마도 최근 어느 연세 드신 성도님이 새벽기도회 나오신 이후 그렇게도 아팠던 다리가 말끔히 나아 새벽에 나오신 이후 그분에게서 좋은 자극을 받아서인지, 아니면 누군가의 권면을 잘 수용해서인지 모르나 이전에는 일주일에 한 번도 예배 참여하기 힘든 분이었는데 최근 들어 모든 예배를 성실하게 드리는 것을 보게 된다.

그래서 교회는 분위기를 무시하지 못한다. 교회가 잘 되려면 여러 구성요건이 있겠지만 앞서 언급한 교회 분위기 가운데 이런 것들이 아닌가 싶다.

예컨대, 예배 나오지 않을 것 같은 사람이 예배에 나온다거나, 말하기가 두려우리만치 이런저런 핑계로 궁색하게 변명하던 사람이 더 이상 그 핑계가 사라지고 말없이 봉사한다거나, 목사가 말하지 않아도 교회 필요한 일들을 지명하지 않음에도 불구하고 남 모르게 스스로 앞다투어 알아서 하는 이들이 나타날 때 목사와 성도의 관계는 더 말할 나위 없이 행복해하는 것을 보게 된다.

돌 지나기 전 어린아이에게는 문턱도 넘기 힘든 큰 장애물이라고 여겨 그 앞에서 징징 짜고 운다. 그러나 조금만 자라면 문제도 아니다. 도리어 그것을 넉넉하고도 기쁘게 넘고도 남는다. 마찬가지로 성숙하고 좋은 신앙이 되면 이런저런 장애물들을 잘 넘을 뿐만 아니라 행복지수가 높은 사람일 것이다.

그런 점에서 좋은 교회, 나아가 행복한 교회, 이상적 교회란 반드시 사이즈가 아니라 내부 구성력과 목회자와 그 구성원 개개인의 높은 행복감에 있지 않을까?

25

목사는 출퇴근이 따로 없는 앰뷸런스?

🍃 학부 출신 동문 목사님들과의 약속된 모임이 강화에서 점심을 함께 먹는 것으로 시간을 가졌던 어느 날이었다. 1박 2일 일정으로 예정된 모임이었다. 멀리는 전북에서 올라오신 대선배님(59학번)을 비롯하여 몇 분이 모여 저녁 식사까지 한 후 펜션에서 1박을 하도록 예약해 놓았다.

총무를 맡은 나로서는 이 모임을 위해 끝까지 섬기는 일을 해야만 했다. 그런데 마음에 걸리는 일이 있었다. 성도 중에 중한 수술을 한 두 가족이 있었기 때문이다. 할 수 없이 도중에 양해를 구하고 저녁 8시가 넘어 강화에서 서울 아산병원으로 향했다.

권사님의 젊은 며느리가 그날 수술한 후 입원해 있기에 위로 겸 기도 심방을 하기 위해서였다. 그의 남편이 지켜보는 가운데 영접기도를 따라서 하게 한 후 간절히 기도했다. 차분히 따라서 하는 그 마음만큼은 편한 듯 느껴졌다.

잠시 담소를 마친 후 이제 다음 방문지인 강남세브란스병원으로 향했다. 역시 중한 수술 후 입원해 있는 이곳은 성도의 남편이 있는 곳이기에 기도하기 위해서였다. 도착하고 보니 밤 11시가 약간 넘은 시간이다. 잠을 자고 있지 않아 상태를 물은 후 예수님 영접하는 기도를 따라 하도록 했다. 마음이 무겁고 고통스러울 텐데도 얼굴은 의외로 편안해 보였다.

이들 심방을 마친 후 집에 돌아오니 자정이 남은 12시 30분이다.
'아! 목사는 출퇴근 시간이 따로 없구나!'
속으로 읊조리게 되었다.

시간은 늦은 밤이었지만 그나마 두 성도 가족을 심방하고 왔다는 마음에 도리어 가벼웠다. 이처럼 목사의 생활은 출근 시간이 따로 규정 돼있는 경우가 거의 드물다. 아울러 퇴근 시간은 더더구나 찾기 힘들다. 왜냐하면, 성도들이 부르면 언제든지 달려가야 하기 때문이다.

공무원이나 여느 직장인처럼 출근 시간 안 되어 전화 안 받고 아직 출근 시간 아니라고 하는 말이 통하지 않는다. 동시에 퇴근하면 사무실 전화는 아무리 해 봐야 내일 출근 시간 이후 오라고 할 뿐 묵묵부답이다. 물론 병원에 한해 응급실이 마련되어 급한 환자 정도는 수가를 더 주고라도 임시조치를 받을 수 있긴 하나 극히 제한적이다.

그러나 목사는 밤이든 새벽이든 국내 먼 곳에 가 있든 심지어 해외에 가 있든 급한 경우라면 비행기 타고라도 달려와야 하는 직업이다. 마치 병원 앰뷸런스(ambulance)와 같다. 왜냐하면, 언제든지 부르면 즉시 달려가야 하기 때문이다.

사실 선진 문화에서 교양 있는 사람은 상대방의 의사를 존중하여 사전 예약을 한 후 방문하는 것이 예의이다. 아니 그렇게 해야만 만날 수 있는 사람이 있고, 그렇게 하지 않으면 아예 만나지도 못하는 경우가 적지 않다.

그러나 적어도 우리나라 교회의 경우 전통적 개념은 성도에게 목사는 다행인지 불행인지는 모르겠으나 그들이 어느 때든지 임의대로 부르고 전화하고 찾는 그 시간이 만나는 시간이요 있어야만 하는 시간으로 알고 있다. 하지만 엄밀히 말해 이런 모습은 신앙 교육의 부재에서 온 교회의 잘못된 관행이다. 실제 자기가 아무 말도 없이 필요에 따라 찾아와 그 시간에 출타한 목회자가 없다고 원망하는 사람도 접해 보았다.

예수님 믿으면 바뀌어야 하는 삶의 스타일(Life style)을 평소 교회에서 느끼는 몇 가지만 소개해 본다.

- 먼저 남을 배려할 줄 아는 마음
- 방문 시 미리 상대방의 시간을 물을 줄 아는 자세
- 자신을 희생해서 남을 살릴 줄 아는 마음
- 지도자를 존중할 줄 아는 마음
- 자녀들 앞에서 남을 비난하지 않고 높일 줄 아는 너그러움
- 돈, 몸, 건강, 직장, 자녀 등에 대한 청지기 의식

비록 출퇴근이 따로 없는 앰뷸런스 같은 목사라 할지라도 성도가 목사를 존중하고 신뢰하는 관계에서 오는 시도 때도 없는 철없는 요청일지라도 목회자에겐 다소 자기 생활이 없는 건 사실이지만 그래도 더없이 고마운 일이다.

엊그제 이런 일도 있었다.

서울의 어느 교회에서 여선교회장이 그 교회 전도사에게 찬양인도를 요청하자 전도사가 이렇게 말했다는 것이다.

"권사님, 죄송합니다. 저녁 6시 반이면 퇴근 시간 이후라 곤란합니다."

이러다가 그 전도사가 목회할 즈음에는 교회도 일반 직장처럼 칼퇴근의 시대가 오는 것 아닌가 하는 생각이 들었다("더미션", 「국민일보」, 2023. 5. 16.).

무엇보다 보람이 있는 일이라면 힘들어도 힘이 안 든다. 사랑하면 돈이 들어도 아깝지 않다. 사랑하면 힘들어도 힘이 안 든다. 목회가 세상 직업처럼 돈이 되는 일이어서 하는 건 삯꾼에 지나지 않을 것이다. 세상 직장처럼 출퇴근의 시간을 논할 수 없는 특별한 사명을 가진 영역이다. 그렇다고 목회자를 하찮게 여기면 잘못하면 천덕꾸러기 믿음으로 전락할 수도 있다.

하지만 성도가 고액 연봉이 아닐지라도 우리니온 마음으로나마 목회자의 몸값을 프로구단의 어느 유명 선수나 감독의 몸값보다 높이 여기는 고급 매너의 자세를 가지고 섬길 때 목회자는 그 사랑에 감복하여 함께 상승효과가 나타나되 수십 수백 배의 창조적인 영적 에너지가 그 속에서 뿜어 나와 바로 모든 성도에게 고스란히 돌아갈 수 있는 축복된 일이 아닐까 생각하게 된다.

26

하나님을 은퇴시키지 말라

🍃 목회하면서 큰 보람 중 하나가 중보기도훈련학교 17주 과정을 마친 분들의 신앙 성숙과 삶의 변화이다.

매주 주어진 분량의 책을 읽고 요약해 오기, 매일 성경 읽고 큐티하기, 성경 암송 등의 과제를 성실히 해 와야 수료가 되는 훈련이기에 적지 않은 부담감이 있으리라는 것이 예견되었지만 실제 이 훈련 받을 자신들은 정작 알지 못했던 것이 사실이다. 그러기에 처음 시작에서 두세 주까지는 대부분이 대충 훈련에 임하기 일쑤였다.

그러나 훈련 시간마다 다음과 같은 말을 반복해서 강조했다.

"이것은 공부가 아니라 훈련입니다. 직분이나 신앙의 경력을 내려놓으십시오. 겸손하게 배우고 훈련방침대로 그대로 임하겠다는 태도와 자세가 필요합니다."

왜냐하면, 해마다 별다른 검증 없이 임명받은 직분이나 꽤 오랜 신앙 햇수가 자신의 믿음의 실력인 것처럼 착각하고 있다는 사실을 마치 자신의 최후 신조처럼 붙들고 훈련하는 한 변화되지 않기 때문이다.

동시에 이런 타성에 젖은 종교 생활이 도리어 방해물이 될 수도 있다는 사실조차 모른 채 그동안 편하고 익숙한 방법으로 신앙생활을 해오는 분들이 적지 않음은 어느 교회인들 예외가 있으랴!

그래서 잘 안되는 것을 할 수 있기 위해 필요한 것이 훈련이라는 말을 누누이 강조해 왔다.

그뿐만 아니라 시간 훈련 즉 결석과 지각도 체크한다. 최소한 10분 전에 훈련 준비가 되어 있어야 한다. 1회 결석 시 반드시 보충을 받아야 수료가 된다. 그리고 적어도 새벽기도 훈련도 병행되어야 한다. 이렇게 훈련 시간이 거듭됨에 따라 처음보다는 훈련에 임하는 태도가 이번 수료식을 앞두고 많이 나아졌다.

이렇듯 중보기도 훈련은 기도 훈련만이 아니다. 순종 훈련, 겸손 훈련, 공동체 훈련, 말씀 훈련, 섬심의 훈련, 시간 훈련, 전도 훈련, 인내 훈련 등을 함께 병행하는 교회 종합시스템을 구축해 가는 매우 심도 있는 훈련이다.

현재 교재로 사용하는 주옥 같은 기도의 고전을 많이 남긴 이른바 "기도의 성자"로 일컫는 이 엠 바운즈(1835-1913)는 『기도의 불병거』 제6장 서두에서 그리스도인의 또 다른 이름이 "범사에 기도하는 사람"이라고 했다. 이처럼 한 분 한 분이 훈련으로 철저히 기도의 사람으로 세워질 것으로 기대하게 된다.

명성 있는 운동선수들은 좋은 기록, 좋은 기술, 반사적 운동신경과 근육을 만들기 위해 개인 훈련, 그리고 팀 전술 및 단체 훈련 등 피나는 훈련을 쉬지 않는다. 이는 상대방과의 경기에서 승리하여 개인적 영광은 물론 몸담고 있는 소속 팀이나 국가의 명예를 빛내기 위해서이다.

이와 마찬가지로 영의 사람도 영적 실력, 기도의 근육을 강화시켜 나가기 위해 매일 기도 훈련을 강화해 나가야만 한다. 왜냐하면, 육체의 정욕을 이기기 위해서이고, 우는 사자와 같이 삼킬 자를 두루 찾아다니는 마귀와의 영적 싸움에서 승리하여 하나님 나라를 확장하기 위해서이다.

이처럼 훈련을 거친 자라야 좋은 성도가 될 수 있다. 그는 무엇보다 끊임없이 기도하는 성도라야 한다.

기도는 우리가 살아가는 데 있어 가장 중요한 일이다. 기도는 부수적이거나 하위 순위가 아니다.

계속해서 이 엠 바운즈는 매우 의미심장한 말로 우리에게 도전적인 충고를 하고 있다.

> … 기도를 우선순위에 두지 않고 2선에 배치하는 것은 하나님을 마치 활동에서 은퇴시켜 버리는 것이요, 기도하지 않는 것은 하나님을 방해하는 것이요 설교자를 해치는 것과 같다. …

높은 권력을 가졌다거나 많은 부를 소유했다고 해서 기도가 면제되지 않는다는 사실을 기도하는 사람은 잘 안다. 어디서 힘이 나오는가를 알려면 기도가 임계점의 기도까지 올라가야 한다. 물은 100도에서 끓는다. 능력 있는 기도 역시 이런 원리이다.

그렇다고 기도를 몰아서 하거나 날 잡아서 할 일도 아니다. 내 대신 누구에게 맡길 일도 아니다. 더군다나 최근 새로운 과학혁명인 AI 챗봇이 대신해 줄 수 없다. 반드시 내가 기도해야 하고 지금 기도해야 한다. 따라서 기독교는 기도교(祈禱敎)라 해도 과언이 아니다.

기도는 생명이다. 기도는 강력한 영적 엔진이다. 숨 쉬는 기도(氣道)가 막히면 죽듯이, 영적 원리에 있어서도 기도(祈禱)가 막히면 힘이 없고 영적으로 메말라 가고 결국 영적으로 죽은 자나 다름없다.

이에 다른 무엇보다도 믿음 아닌 가식과 허풍과 포장된 오랫동안의 허위의식에서 깨어나 자신의 실체를 적나라하게 드러냄으로서 진단받은 이후 이를 뼛속 깊이 사무치고 실제 기도 운동을 실천하는 이들이 한국 교회 곳곳에서 많이 일어나야만 한다. 이것이 내 조국 한국 교회의 마지막 보루요 희망이요 사는 길이다.

27

안색(顔色)이 살색이다

🌿 평상시 몸의 건강 상태는 가장 흔하게는 건강검진을 통해 알 수 있게 된다. 예컨대, 혈액, 혈압, 대,소변, X-레이, 내시경, C.T, M.R.I 등 … 그러나 사실 이런 것들은 외관상 짐작할 수 없는 인체에 해당되고 더욱이 반드시 전문가의 도움을 받아야만 한다.

하지만 이런 육체적 건강도 중요하지만 사람의 현재 심리 상태를 어렵지 않게 파악해 볼 수 있는 곳이 있는데 바로 얼굴이다. 그 얼굴에도 색이 있다. 그것을 안색(顔色)이라 부른다.

성경에서 "가인의 안색이 변하니, 변함은"이라는 말씀이 최초로 두 번 등장한다(창 4:5-6). 그 이유는 하나님이 아벨과 제물을 받으셨으나 가인 자신과 제물을 받지 않으셨기 때문이라고 성경은 기록한다. 문제의 원인이 하나님께 있는 것처럼 못마땅히 여겼고 기분이 상했다는 뜻이다. 그래서 화가 날 정도까지 부정적으로 발전했다.

이후 어떻게 되었는가?

끔찍한 사건, 즉 동생 아벨을 살해하는 역시 최초 비극의 역사를 성경은 기록하고 있다.

목회하면서 전혀 예상치 못한 변수를 만날 때가 한두 번이 아니다. 대충 심정이 짐작이 가거나 누구도 알 만한 이유가 있을 때야 덜 당황하지만 난데없는 경우를 만날 때는 그야말로 황당하다 못해 바로 그 결과가 양측 얼굴에 다 써지게 된다. 즉, 안색이 변하기 시작한다.

전쟁에는 지상전, 해상전, 공중전만 있는 것이 아니다. 심리전도 이에 못지않게 중요하다. "경제도 심리이다"라는 말은 널리 알려져 있다.

목회도 갖추어야 할 것들이 많지만 무엇보다 중요한 것을 꼽으라 한다면 정작 고도의 설교 테크닉이나 능력 있는 기도, 신학적인 출중한 실력이 아닌 의외로 안색 관리가 아닌가 싶다. 환자는 의사의 기술적인 진료 상황을 묻기보다 그의 얼굴을 읽거나 건네주는 말이 어떠하냐를 살핀다. 그에 따라 안정과 불안이 역력하다.

그런 점에서 "목회도 심리이다"라는 말로 표현해 봄즉 하다. 그 중에 목사의 안색은 매우 중요하다. 물론 성도들의 안색 역시 마찬가지이다. 성도는 설교를 통해 은혜를 받는다지만 한편으로는 이에 못지않게 목사의 얼굴 안색을 통해 은혜받는 것 또한 사실이다.

그래서 항상 고민되는 것 그리고 가장 잘 관리해야 하는 줄 알면서도 잘 안되는 지난(至難)한 일 중의 하나가 이 부분이다. 이에 나는 색 중에 가장 좋은 색을 고르라 하면 살색이라고 말한다. 살아 있는 색이란 뜻이다.

안색이 변하면 가인처럼 위험 신호이다. 얼굴은 펴져야 한다. 표정 관리는 이 점에서 매우 중요하다. 유머 중에 펴지지 않으면 위험한 두 가지가 있는데 하나는 낙하산이요, 다른 하나는 사람 얼굴이라고 한다. 그런데 실상은 말처럼 쉽지 않다는 데 고민이 있다.

언젠가 이런 생각을 한 적이 있다.

'성도는 목사의 설교를 듣는 것보다 예배 시간 내내 목사의 표정을 읽는 것에 더 관심이 있구나!'

그러니 목사의 안색이 어떠 하느냐에 따라 반응이 달라지니 아무리 기가 막혀도 표정 관리를 안 할 수가 없는 노릇이다. 얼굴을 미인이나 미남형으로 고친다고 마음이 아름다워지는 건 아니다. 표정 관리 잘못하면 순식간에 물거품 될 수 있다. 종종 예배 시간에 서로 분위기 반전을 위해 서로를 위해 이렇게 인사하도록 한다.

"지금 내 얼굴은 하나님이 주셨지만 현재의 표정 관리는 내 책임입니다."

그런데 목사도 교회 성도들을 대하면서 성도들의 평상시 보이는 안색을 보거나 설교 중에 피드백되어 오는 안색을 보면 대충 성도들의 영적 상태, 또는 현재 감정을 웬만큼 대해 보면 크게 빗나가지 않을 정도로 알 수 있다. 감정 조절이 잘 안되고 감정 기복이 심한 사람일수록 안색도 변화무쌍하다.

세상을 기분대로 내 감정대로 살 수 없다는 것쯤은 모르는 이 없다. 그렇지만 나이에 상관없이 교회로 말하면 신앙의 연조(年條)나 직분에 상관없이 표정 관리를 잘할 수 있는 사람은 성숙한 인격을 갖춘 내면의 우위를 점하고 사는 사람들이라 할 수 있다.

교회는 누가 뭐래도 분위기이다. 큰 틀에서 분위기 좋으면 다 좋다고 해도 과언이 아니다. 이것을 뒷받침하는 가장 중요한 핵심요인이 모든 구성원의 평소 안정되어 보이는 안색이다.

가인의 안색은 살인하는 색으로 돌변하고 말았다. 이유야 어떠하든 안색 하나로 이렇게 그는 돌이키기 힘든 길을 걷고 말았다.

그러나 내 안색은 살려 주는 색, 살아 있는 색, 그런 살색으로 살아가자!

안색이 살색이기 때문이다.

28

민들레와 참새 같은 신앙이어라

🍃 교회 대청소를 하면서 지붕 썩워 놓은 옥상의 빈틈 속으로 참새가 둥지를 튼 장면을 목격한 적이 있다. 그 구멍 사이로 무단 출입(?)하여 둥지를 틀어 놓은 것을 발견하곤 했다. 참새의 굽히지 않는 종족 번식의 도전정신에 절로 감탄이 된다.

성경에서 주님은 우리의 염려 생활을 새에 비유하신다(마 6:26). 우리를 흔한 새들보다 귀하다 할 만큼 가치 있게 여기시는데도 사실 사람들은 이런 주님의 말씀을 실제 그렇게 가치 있고 크게 여기지 못하는데 삶의 문제가 야기된다고 생각해 본다. 이를 일컬어 참새 신앙보다 못한 염려 신앙이라 불러 본다.

그러다 며칠 전 교회 뜰 여기저기 피어 있는 민들레와 잡초를 보면서 또 다른 교훈을 얻었다. 교회 앞마당은 아스팔트로 포장되어 있다. 그런데 참새처럼 빈틈 사이로 살아가려는 민들레가 보이고 잡초가 보인다(사진).

물론 교회에서 뿌린 적도 없고 누군가가 뿌린 적도 없다. 바람에 날려 심기어졌을 뿐이다. 그렇다고 그것들을 돌본 적도 없고 지금도 돌보지도 않는다. 물 한 번 준 적도 없다. 그럼에도 불구하고 잘도 자란다. 발로 비비고 뽑아도 그 자리에서 또 자란다.

반면 교회 성도들의 밭에 심어 놓은 갖가지 채소를 비롯한 작물들이 있다. 그 채소를 위해 심고 거름 주고 정기적으로 돌보아주는 것을 볼 수 있다.

　그러나 민들레는 그런 정성을 한 번도 들인 적이 없다. 그런 민들레와 잡초임에도 가장 큰 특징은 생명력이 강하다는 데 있다. 때로는 모진 수모를 당해도 끄떡하지 않고 밟히면 밟힌 대로 꺾이면 꺾인 대로 묵묵히 생명을 다시 이어 간다.

　어쩌면 그런 잡초 정도라면 몰라서 그렇지 알고 보면 어디엔가 약 재료로 쓰이기에 충분해 보인다. 익히 알고 있는 바처럼 민들레야 이미 그 효능을 인정받아 우리 몸에 좋은 약 재료로 실용 가치를 가지고 있다. 더욱이 교회 마당에 핀 민들레는 이른바 토종이라 불리는 흰 꽃 민들레이다.

　그러면서 목양하고 있는 성도들의 신앙을 가만히 들여다보게 된다. 어느 때는 폭염으로 그런가 하면 또 어느 때는 혹한으로 인한 외출 주의보 발령을 듣는다. 한 여름의 찌는 듯한 무더위와 엄동설한의 추위는 신앙생활하는 우리들이 넘어야 할 계절의 담이기도 하다. 신앙생활에 있어서도 더위 타고 추위 타는 이들이 있기 때문이다.

아스콘 바닥에서도 피어난 민들레

살기 편해지는 만큼 신앙생활의 무게감은 갈수록 희박해져 가는 이 시대, 별수 없이 이에 짜 맞추어져 가는 듯한 우려를 불식하기 어려운 교회의 현장은 결코 녹록치 않은 것이 현실이다. 말씀에 좋은 영향을 받아 잘하는 이들도 많지만, 날씨를 타는 사람도 있다.

덥다고, 춥다고 예배가 안 되는 이들도 있다. 집안 잔치 있다고 동창모임, 계모임에서 여행 간다고 예배가 안 되는 이들도 있다. 몸의 컨디션이 안 좋다고, 기분 나쁘다고 안 나오는 이도 있다. 또 누구 때문에 마음이 걸려 못 나온 이들도 있다. 좀 더 그럴싸한 이유도 많다. 즉, 친정 간다고, 자식 이삿짐 정리해 준다고, 애기 봐 주러 간다고 못 나온 경우쯤이라면 괜히 목사가 잘못 묻고 충고했다가는 역정을 낼 만큼 부작용의 우려도 없지 않다.

이른바 신앙생활이 날씨 타고 기분 타고 상황이나 환경 타고 남 탓하다 보니 남아 나는 것이 없고 결국 갈팡질팡할 수밖에 없다. 그러기에 나는 민들레 한 포기를 무심코 유심히 살펴보면서 강의실에서도, 책으로서도 얻을 수 없는 놀라운 교훈을 얻는다.

민들레는 어떤 땅도 가리지 않는다. 교회처럼 아스팔트이든, 굳은 길가이든, 자갈밭이든, 잡초 속이든 어디든 개의치 않는다. 한마디로 땅을 타지 않는다. 환경도 가리지 않는다. 심지어 자기를 몰라본다고 돌보는 이가 없어도 탓하거나 원망하지 않는다.

그 이유인즉 근간의 뿌리는 자기 몸을 가장 아래로 보이지 않게 흙속에 묻고, 그 잎은 역시 자신의 몸을 바짝 땅에 낮게 깔아 누워 꽃을 피우기 위한 꽃대를 받쳐 주는 데만 전념하기에도 모자라기 때문으로 해석해 본다.

그렇게 맺힌 홀씨는 그동안 뿌리와 받쳐 준 잎들의 헌신과 희생을 멀리한 채 또 다른 생명을 위해 작별을 고하고 다시 어디론가 훌쩍 퍼져 나가 번식의 씨로 남는다.

우리의 신앙은 민들레와 비하면 무엇인가?

때로는 약 재료가 되는 잡초 근성도 필요하지 않을까?

온상 신앙으로는 모질고 험악한 세상에 맞장 뜨기에는 턱없이 부적합하기 때문이다. 바라건대, 어줍잖은 신앙에서 출애굽 하여 신앙의 격을 높이는 길은 어떤 상황도 타지 않는 줏대 있는 의연함의 기상이라야 가능하리라 본다.

마치 상록수의 노랫발처럼 영적 상록수로 살아가노라면 ….

> 저들의 푸르른 솔잎을 보라
> 돌보는 사람도 하나 없는데
> 비바람 불고 눈보라쳐도
> 온누리 끝까지 맘껏 푸르다…

29

화상은 입었으나 화재 진화

🍃 강화문산교회에 부임하고 3개월이 지난 2020년 3월 25일 수요일 오후 5시 반경이었다. 예배당 강단 벽에 있는 십자가에 타이머를 설치하려다 불이 나 큰 화재로 번질 뻔한 가슴을 쓸어내리는 사고가 발생했다. 원인은 두 전원 선을 타이머 콘센트에 연결하려던 순간 합선이 되면서 예배당 맨 뒤편에 부착된 배전반에서 불꽃이 튀더니 화재가 발생한 것이다. 누선 차단기가 제대로 작동이 안 되어 플라스틱으로 매입된 배전반 안팎 케이스가 점화된 화재 사고였다.

그 불꽃을 보는 순간 20여 미터 거리를 쏜살같이 뛰어가 미처 다른 생각을 할 겨를도 없이 처음에는 촛불 끄듯이 입으로 '후 후~' 하며 진화하려 했지만 예사롭지 않았다. 불길이 좀 더 거세지면서 위로 타올랐다. 당황하여 오직 불을 꺼야겠다는 일념에 불밖에 안 보여 내 몸을 소화기 대신했다.

처음에는 오른손으로 덮쳤다 뗐다. 불길은 여전하였다. 다시 오른손으로 두 번째 불을 덮쳤다 뗐다. 그래도 불은 진화되지 않았다. 세 번째 이번에는 양손으로 불을 덮쳤다. 그 순간이 얼마나 흘렀는지 모르나 천만 다행스럽게 불길은 진화되었다. 그때의 끔찍한 상황이 위에 제시한 다섯 장의 사진이다.

불이 날 당시 큰 소리를 지르며 도움을 요청했으나 다른 건물에 있는 사택까지는 거리가 있어 갈 시간상 여유도 없고 큰 소리로 외쳐도 소리가 들리기엔 역부족이었다.

간신히 불길은 진화되었다지만 그다음 문제가 기다리고 있었다. 바로 내 손이었다. 정신 차리고 우측 손을 보니 세 번씩이나 불 속에 들어간 세 손가락이 성할 리가 없었다. 긴장이 풀리다 보니 비로소 쓰리고 통증이 몰려왔다. 그리고 왼손의 세 손가락도 화상을 입은 상태였다.

뒤늦게 달려온 아내가 가지고 온 얼음과 찬물로 응급조치 후 병원으로 전화했는데 시간이 6시가 넘어서인지 전문의가 있는 외과병원은 문을 닫은 상태였다. 그나마 한군데가 진료 마감 시간 직전이었다. 운전이 곤란하여 교회 가까운 곳에 사시는 원로장로님에게 운전을 부탁드렸다. 이 장로님도 일을 마치고 그 시간 집에 막 도착한 상황이었는데 고맙게도 도움을 주셨다.

병원에 갔더니 2도 화상이라고 진단했다. 그러면서 오른손은 2주일 정도, 왼손은 1주일 정도 지나면 나아질 것이라면서 손가락마다 붕대를 감아 치료를 받았다.

되도록 많은 분에게 기도를 요청하기 위해 부끄럽지만 페이스북에 이 화상 소식을 게시했다. 나와 같이 중보기도 할 문제가 있을 경우 마음을 같이하여 기도할 수 있는 공간으로 유용하기 때문이다.

요즈음은 이와 같이 정보 통신 기술의 발달로 인해 친한 분들과는 물론이고 평소 알고 지내는 지인들, 나아가 전혀 일면식도 없는 분들과 직접 만나지 않고 온라인상에서 서로 위로와 덕담을 주고받을 수 있는 시대이다.

그랬더니 평소 페친들이었던 많은 목사님이 희망과 위로의 말을 보내 주시고 기도로 힘을 복돋아 주셨다. 그중에 특별한 말들이 눈에 띈다.

작업하던 타이머

화재로 불에 탄 커버와 검게
그슬린 배전반

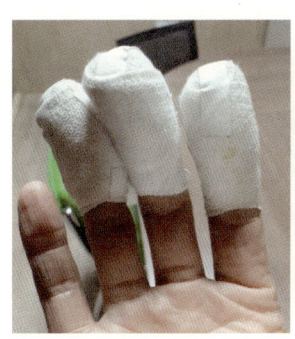

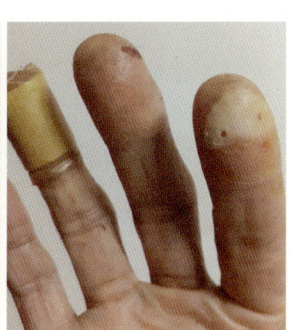

2도 화상치료

5일 후 거의 나은 모습

- 힘 내세요. 천만다행입니다. 누전 차단기 2중으로 꼭 설치하세요 (충주 조○○).
- 큰일을 막으셨네요(서○○).
- 큰 일날 뻔 했네요. 빨리 회복되시길 빕니다(성○).
- 하나님이 도우셨네요. 빠른 치유 기도합니다(강화 김○○).
- 그만하길 다행이고 잘 관리하시길 바랍니다(친구 남○○).
- 잘 치유되길 바랍니다(임○○).
- 갑자기 보고 놀랐습니다. 휴~입니다. 잘 치료되길 빕니다(춘천 김○○).
- 우와 ㅜㅜ 목사님 ㅜㅜ 큰날 뻔하심요. ㅜ 다행이세요 빨랑 회복되시기를요(최○○).
- 아이고 놀라셨겠네요 … 그만하시다니 다행입니다(황○○).
- 주님의 몸 된 교회를 위해 더 큰 화를 면하게 하시고 대가지불(?) 하셨으니 성령의 불같은 역사가 일어날 것을 기대해 봅니다. 후유증이 없길 기도합니다(박○○).
- 전화위복으로 속히 치유되길 기도합니다(윤○○).
- 불행중 다행으로 주님이 지켜 주시고 보호하셨네요 …. 주님 사랑받는 증표요 민 목사를 엄청 사랑하십니다 …(박○○).
- 아이고 고생하셨습니다. 성령께서 더 큰 화마를 막아 주셨네요. 쾌유를 위해 기도하겠습니다(수원 박○○).
- 전화한 게 몇 시간 전이었는데 … 잘 회복되기를!(서울 조○○).
- 목사님 괜찮으신지요?(미국 황○○).
- 에구 그만하시길 다행입니다~ 그 성미에 순교하기도 쉽겠습니다^^(공○○).
- 하마트면 큰일 날 뻔했습니다. 쾌유를 기도합니다(정○○).
- 아이쿠 무탈하기를 진심으로 바라네 빛나는 십자가보다는 예수님 지고 가신 나무로 … (미국 탁○○).

- 아찔하셨겠네요. 이 어려운 때 건강조심하시구요. 홧팅입니다.^^(말레이지아 한○○).
- 다행입니다. 코로나 바이러스도 무서워서 민 목사님께는 접근 안 할 듯…(필리핀 김○○).
- 다행입니다. 금세 다 나을겁니다(친구 김○○).

이 수많은 응원과 격려와 함께 기도해 주신 결과 의사 선생님의 진단은 2주일 이상 지나야 한다고 했는데 바로 다음날부터 전혀 통증도 없고 3일째는 소독만 하고 붕대를 하지 않아도 거의 나은 상태였다.

돌이켜 보니 아찔한 순간이었고 하나님의 놀라운 도우심이었다.

- 입으로 "후~" 하고 불었을 때 불똥이 얼굴로 튀어 얼굴에 화상을 입을 뻔한 위기에서 지켜 주신 것 감사!
- 손이 불속에 세 번이나 들어갔다 나왔는데 이만큼 된 것 감사!
- 플라스틱이 타는 불길 속에 손으로 진화하겠다고 댔는데도 불구하고 끈적끈적한 불덩어리가 손에 안 붙은 것 감사!
- 2도 화상치고는 예상보다 훨씬 빨리 회복된 것 감사!
- 인화성 물질이 없어서 2층 예배당이 큰 화재로 번지지 않고 막아 주신 것 감사!

무엇보다도 이번 일이 의미 있는 사순절 기간 중 이었기에 특별 기도는 말할 것도 없거니와 비상 시국인지라 이번 화상 이후 여러 목사님의 중보기도로 급속히 호전된 것처럼 이 민족의 난국을 극복하는 길도 한국 교회가 하나 되어 하나님을 경외하는 마음으로 돌아오고 민족을 위한 간절함과 정직한 기도로 주님의 얼굴을 구하는 것만큼 최고의 백신은 없다고 믿는다.

30

섬찟한 일이 있어도
티가 나지 않는 목회

🍃 자녀는 아무리 많이 낳아 길러도 자식 둔 부모 입장에서는 하나하나가 그 무엇보다 소중하다. 요즘처럼 기껏해야 한두 자녀인 시대이다 보니 부모의 자기 자녀 대한 애착과 투자는 아마도 더 각별하리라 본다. 게다가 내 주위에 외아들 외동딸을 둔 가정이라면 더 이상 말할 나위도 없을 것 같다.

그러면 목회자에게는 어떠할까?

목회자가 처한 환경에 따라 각기 다르기에 획일적인 잣대로 규정하기에는 다소 무리가 있을 수 있다. 그럼에도 불구하고 종종 주위에서 만나는 목사님의 자녀들이 자녀들로 인해 어려움을 겪는 경우도 있지만 또 한편으로는 그다지 좋지 않은 가정환경에서도 심지어 과외 없이도 출중한 실력을 가지고 극소수의 고시(때로는 수석)에 합격하는가 하면 선한 일에 부요한 위치에서 하나님의 영광을 드러내는 자녀들이 있음을 만나게 된다.

그런 자랑스러운 자녀들을 둔 목회자들로서는 그들을 키우면서 밖으로 드러나지 않는 남다른 희생과 눈물이 있었으리라 여겨진다. 자녀를 내 품안에 끼고 키운다고 그렇게 잘 되는 것만은 아닐 것이다. 그렇다고 자녀를 핑계로 주님의 일을 소홀히 했을 리가 없다.

십수 년 전 부산에서 은퇴하신 작은 교회 어느 목사님은 오래전이긴 하지만 시대적으로도 어려웠던 당시 그 분이 목회하는 동안 있었던 일화가 있다.

하루는 자녀들이 삼겹살을 사 달라고 사정하는데도 가난해서 그 애원을 들어주지 못했다는 눈물겨운 기사를 읽고 직접 통화한 기억도 있다. 그러나 이후 지금은 그 두 아들 중에 한 아들은 교수로, 다른 아들은 의사로 자랑스런 활동을 하고 있다는 말을 들었다.

그 비결이 무엇이었을까?

주님께 자식을 전적으로 맡기고 자식을 위해 눈물로 기도하되 주님께서 맡겨 주신 사역을 가난하고 열악한 환경 속에서도 충성스럽게 감당했더니 주님께서 자식을 키워 주셨다고 본다.

그런 마음이 내게도 없지 않다. 그러기에 때로는 자식을 둔 부모의 입장에서 안쓰럽고 미안하기도 하는 마음을 지울 수가 없다. 지금 아홉 살인 둘째가 세 살이었을 때 있었던 일이다. 아내가 출타하여서 잠시 늦둥이 아들과 함께 있을 때다.

평소에는 잘 놀던 아들이 잠깐 방에 두고 불과 5분 전후 2층 목양실에 다녀온 사이 대성통곡을 하며 현관문까지 열고 나와 울고 있는 것이다. 오후 6시 전후쯤 된 그 시간, 그 정도 우는 소리였으면 주위 민가에 들렸을 터이지만 누구 하나 돌보는 이가 없이 덩그러니 혼자 서럽게 울고 있는 모습을 보는 순간 삭막한 마음이 들었다.

더 충격적인 일은 며칠 후 새벽에 일어났다. 새벽기도 하고 있는 중인데 그날따라 강추위였던 새벽 시간에 어린 아들이 사택에서부터 예배당까지 잠옷에 신발도 신지 않은 채 맨발로 통곡하며 겁에 질린 채 달려들어 오고 있는 것 아니겠는가. 현관문이 손에 닿아 안에서도 쉽게 열 수 있었기 때문이다. 지금까지 두 아들을 키우는 동안 이런 경우가 처음이다.

그 이후 십여 일 가까이 새벽기도회 나올 때마다 아내는 그 시간 같이 깬 아들과 함께 그 해 강추위가 지속되는 영하 10도 이상의 칼바람을 맞으며 1주일 이상 유아실로 데리고 오는 경우가 잦아졌다. 이런 상태였으니 어린 아들의 몸이 온전할 리가 없다.

목이 아프다고 새벽 3시에 일어나 울고 있는 아들을 보며 어찌나 마음이 아프던지!

그런데 금요일 그날따라 한 성도가 입원해 있는 서울에 아내와 함께 병원 심방을 가기로 약속해 둔 상태였다. 그런데 전날까지 어린이집 잘 다녀온 늦둥이가 그닐 새벽에 그런 것이다. 나중에는 열이 39도까지 올랐다. 아내는 가지 못했지만 그래도 약속된 심방인지라 나라도 그곳을 먼저 다녀와야만 했다. 아들을 보면 한 시간이라도 아들을 빨리 데려가야 했지만 심방 이후 2시가 넘어 다녀왔다.

목사의 삶은 늘 이렇다. 성도의 요청이 있을 때는 그들에게 맞춘다. 설사 요청이 없더라도 목사는 알아서 가야 한다. 그런데 하루 지난 토요일 새벽 2시에 또 다시 깨어 우는 아들, 40도를 오르내리는 고열, 그래도 미련하리만치 새벽기도의 자리를 지키려는 아내의 마음, 아기를 안고라도 새벽기도를 지켰다. 20년 전 눈길에도 첫 아이인 갓난아이를 안고 기도할 때나 지금이나 우리 부부는 변함없이 그렇게 해 왔다. 내 자식 더 자도록 엄마가 곁에 있어 주면 그날 그런 섬찟한 칼바람 맞지 않고 차디찬 맨발에 통곡하는 소리도 없었으련만 … !

만 두 살배기 아들이 새벽에 맨발로 통곡하며 예배당으로 달려오는 그 충격이 목회 중에 쉽게 지워지지 않을 만큼 남아 있다. 하지만 이런 일이 있어도 목사는 당연히 그런 줄로 생각하기 일쑤이다. 그래서 목사가 하는 일은 티가 나지 않는다. 그러다가 어쩌다 곧이곧대로 말하면 말한다고 목사의 타들어 가는 마음을 헤아리지 못한 이들은 되레 성화를 부린다. 그래서 우리 한국 사람들은 천국도 심지어 기분 나쁘면 가지 않는다는 말까지 있다. 기도하는 일도 그런 것 같다. 이에 방법은 하나다. 매 새벽마다 제단 앞에 무릎을 꿇는 거다.

개근이 없어지는 학교, 교회

2018년 2월 3일자 「조선일보」에 "개근상이 사라진다"라는 기사가 실렸다. 초등학교의 경우 개근상이 이미 사라진 지 오래라고 한다. 왜냐하면, 교육부가 초등학교의 경우 2000년대 초반부터 "몸이 아파도 무리하게 등교하는 학생이 없도록 한다"라는 취지에서 나온 '학생건강권' 제도를 만들어 개근상 폐지를 공론화하여 시행해 오기 때문이다.

게다가 '현장학습체험'이란 제도가 생기면서 기존의 개근상 의미가 달라졌다. 즉, 학교에 출석하지 않아도 십여 일까지는 부모와 함께 여행 가는 경우 출석으로 인정하는 제도가 있다. 따라서 종전에 지각, 조퇴, 결석이 없어야 개근으로 인정했던 말은 무색하리만치 퇴색되었다.

실제로 서울 대일고의 경우 그해 3년 개근이 졸업생 350여 명 중에 59명으로 17퍼센트 불과했다. 또 경기 고양시에 소재한 어느 중학교 역시 졸업생 230여 명 중 3년 개근이 13퍼센트인 30명에 그쳤다. 그러니 예전에 대부분이 개근하던 시대를 지금 이야기하는 것은 '언감생심'(焉敢生心)이랄 수밖에 없다.

게다가 저출산 시대에 학생은 물론 교사나 부모들까지 개근상에 대한 애착도 낮아진 것은 더욱 이 같은 현상을 재촉했다고 볼 수 있다. 더욱 직접적이고 중요한 이유로는 개근상이 입시 성적의 당락에 조금도 반영되지 않는다는 점이 아닌가 싶다. 도리어 결석이 잦은 학생들의 창의성과 엉뚱한 방향으로 튀는 기질을 가진 자들에 대한 돌파구가 된 셈이기도 하다.

이렇듯 학교 출결 문화 기준의 새로운 패러다임은 이미 시작된 지 오래다. 이것이 우리가 느끼는 세상의 흐름이다. 그때그때마다 옷을 바꿔 입는 것이 세상 문화의 특징이다. 다양한 변화를 시도하는 것이 세상 문화이다. 다시 말해 세상 문화는 절대 진리를 해체하려는 속성을 지니고 있다.

그렇다면 절대 변하지 않는 진리는 이 세상에 존재하지 않는 것인가?

이것이 교회가 세상 속에 존재하면서 고민하는 물음이기도 하다.

개근상의 예를 들어 나는 이 글을 시작했다. 그렇다면 교회 예배에 참석하는 성도들의 의식은 어떠한지를 생각해 보았다. 가만히 들여다보니 앞에서 언급한 중고생의 경우와 유사하게 크게 다를 바 없다는 것이 실제 교회 현장에서 피부적으로 경험하는 현실이다.

연말이면 당회 때 보고서를 제출한다. 그 보고서 안에 기록된 내용 중에는 집사, 권사, 장로 모두 공통적으로 주일 낮과 밤 참석자 수, 수요기도회 참석자 수, 새벽기도회 참석자 수를 기록하도록 되어 있다. 그중에 주일성수의 경우만 보더라도 그렇다. 주일을 그렇게도 생명처럼 지키라고 말하기가 무색하리만치 예배 출석이 쉽지 않다. 매일 등교하던 학교도 개근했는데 그저 한 주일에 한 번 나오는 52일 마저 지키는 것조차 개근이 어렵다.

그래도 할 말은 있지 않던가!

예배 결석하는 이유는 백이면 백 사람이 다 저마다 이유가 있다. 그렇다고 개근자가 없는 건 아니다. 그러나 실제 우리 교회의 경우 예배를 그토록 강조하지만 연말 보고서에 기록한 내용을 보면 주일

만이라도 지킨 개근자들이 지난해의 경우 10퍼센트를 넘지 못한 것을 본다. 수요기도회까지 합치면 그 비율은 더 낮다. 세상의 문화가 빠르게 교회 안에 침투한 역류 현상 중 하나라고 본다. 예배 문화의 인식 전환이 교회 안에 들어와 있다는 반증이다. 즉, 절대 진리의 쇠퇴, 가치 기준의 혼란으로 인한 상실된 예배를 꼽지 않을 수 없다.

교회가 어느 때부터인가 세속주의 또는 포스트모던이란 이름으로 모든 영역에 들어온 그런 문화의 옷을 입고서 성경적 가치 기준을 해체하려는 위협에 동요되지 않도록 복음주의 신학과 목회현장의 예배는 지켜져야 한다. 만약 세상의 기준에 짜 맞춰 사는 한 주일예배를 충직하게 지키는 것은 요원할 수밖에 없다. 물론 예배 이후 실천적인 삶(행동양식)이 동반되는 그러한 예배까지를 의미한다.

그런데 21세기 최대 환난은 2020년부터 코로나 팬데믹 현상으로 예배의 자유가 억압되고 더욱이 이에 별 저항 없이 거의 대부분 교회가 자진 굴복한 성전 예배 실종은 가장 큰 충격이었고 순교적 신앙을 잃은 큰 과오라고 부인하기 힘들다. 그런 까닭에 개근이란 용어는 역사의 용어로서만 남아 있을 뿐, 그 자랑스런 개근상이란 고상한 개념은 그리 환영받지 못한다고 해도 과언이 아니다.

이미 유럽 교회가 보여 주고 있듯이 예배가 제대로 드려지지 않고 점점 쇠하여서 텅텅 비어 가는 그곳에 한국 교회마저 서구의 그런 전철을 밟는다면 과연 한국 교회의 미래가 있겠는가?

비록 학교의 개근이 사라진다고 할지라도 교회의 개근은 그들과는 상관없이 지켜져야 한다고 본다. 초중고를 합치면 매일 다닌 학교일지라도 무려 12년 개근한 그런 분들의 성실함은 높이 살 만하다. 그런데 교회 1년 개근이라야 기껏해야 52일, 그러나 잊지 말아야 할 분명한 사실, 그것은 성경이 나에게 주시는 진리의 말씀이라면 더 이상 말할 나위도 없지 않겠는가.

32

나는 기록한다
고로 나는 존재한다

🍃 우리나라 해군의 영웅 이순신은 난리통에서도 기록물을 남겨 메모를 습관화한 인물로 손꼽힌다. 『난중일기』가 그 대표적인 예다. 거북선도 메모에서 나온 성과다. 김구 선생도 독립운동을 하면서 평소 늘 메모하던 습관으로 기록물로 남겨진 게 백범일지이다. 허준도 마찬가지다. 그가 전국 팔도를 다니면서 터득한 의학적 경험을 가지고 기록하던 것을 모은 게 『동의보감』이다.

우리나라의 세계적 기록물로 1997년 10월 1일 유네스코 세계기록유산으로 등재된 『조선왕조실록』의 경우 공정성과 객관성을 지켜내기 위해 왕의 사후에 작성되어 그들의 재임 기간에는 열람할 수 없었다고 한다. 이러한 기록물이 있기에 사실에 가까운 역사를 보존할 수 있게 된 것이다. 서양 명언이 여기에 부합된다.

희미한 잉크가 선명한 기억보다 오래 간다.

세상을 떠난 애플의 창시자 스티브 잡스(1955-2011)의 창의적인 혁신의 아이콘은 메모의 혁신에서 나왔다고 할 만큼 그를 가리켜 "메모의 아이콘"이라고까지 부르는 것을 볼 때 메모의 위대함을 높이 평가할 수 있다.

지금 공교육현장에서는 아예 사라진 안타까운 전통 중의 하나가 매일 일기 쓰기로 담임선생님이 검열하는 때가 있었다. 적어도 2000년대 이전 초등학교와 중학교를 다닌 연령대라면 아마도 학교에서 담임선생님이 일기 쓰기를 숙제하도록 한 경험을 한두 해 정도는 겪었으리라. 이에 꾸준히 일기를 성실하게 쓴 학생들은 표창도 받곤 했다. 일기장 노트도 아예 따로 판매하였다.

그런데 지내 놓고 보면 글쓰기의 가장 기본 소양을 키우는 게 바로 이 일기 쓰기부터이다. 나중에 그때 당시 사실과 자신의 느낌, 나아가 자기 반성까지 기록하기에 자신의 훌륭한 자서전이 되기도 하는 대단히 유익한 기록물이다.

언제부터인가 내겐 몸에 익숙한 습관 중 하나가 꾸준히 글쓰기를 하는 것과 평상시 메모하는 습관이다. 중고등학교 때부터 일기를 써 왔다고 기억한다. 대학교 때도 일기를 썼고 개척교회 할 때도 일기를 쓰곤 했다. 그 기록 중 일부를 지금 보존하고 있다(사진 2). 그러면서 때로는 시도 쓰고 에세이도 쓰곤 했다.

그것이 약 8년 가까이 써 왔던, 매주(화) 「KMC뉴스」에 연재한 〈민돈원 목사와 차 한잔〉이라는 코너였다. 목회현장의 있는 그대로를 솔직담백하게 애독자들과 함께 나누고 싶어서다.

이러한 글이 나오기까지는 무엇보다 큰 밑거름이 된 비밀이 있다. 그것은 다름 아닌 내 손에서 떼놓지 않고 지속하고 있는 메모하는 습관이다. 나는 새벽기도회 때나 외출할 때 그리고 내 책상 앞에 항상 메모 노트와 필기도구를 친구처럼 가까이한다. 물론 요즈음은 페북이나 카톡에 담아 두기도 한다. 왜냐하면, 그때그때마다 떠오르는 착상을 놓치지 않기 위해서다.

1980년부터 기록하고 있는 내 메모 노트에는 성경을 비롯해서 설교자료, 시사(정치, 경제, 사회, 문화, 교육 등), 신문이나 좋은 자료 스크

1988년부터 기록해 둔 메모노트

랩, 독서록, 순간 머리에 스쳐가는 인사이트(insight) 등 다양하게 기록되어 있다. 이런 것들이 수십 년간 쌓이면서 종합적으로 통합조정 과정을 거쳐 내 삶의 인생관이 되고, 가치관 형성에 지대한 영향을 미치는 중요한 자산이 되었다고 본다.

"기록이 기억을 지배한다"는 말에 나는 동의한다. 그 기록은 무엇보다도 이 세상의 어떤 것과도 견줄 수 없는 성경이라고 확신한다.

구약의 선지자였던 예레미야는 유다의 여호야김왕 제4년에 하나님의 말씀을 "두루마리 책에 기록하라"(렘 36;2)라는 명령을 받는다. 이에 예레미야는 그 하나님 말씀을 기록하기 위해 서기관 바룩을 부른다. 그러자 바룩은 예레미야가 불러 주는 대로 모든 말씀을 두루마리 책에 기록했다(렘 36:4)

그러나 악한 여호야김왕은 이렇게 기록한 하나님 말씀을 고관들이 왕 앞에서 낭독하자 선지자 말을 듣고 회개하기는커녕 화롯불에 두루마리 책을 던져서 다 소각시켜 버리는 끔찍한 악행을 저지른다.

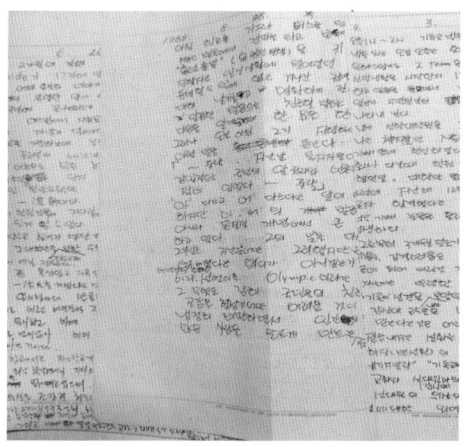
1988년 일기장

이때는 이미 성전 예배가 없어진 하나님을 떠난 최악의 시대이다. 하지만 바룩은 다른 두루마리에 나시 말씀을 기록했다고 성경은 기록한다(렘 36:32) 이와 같이 구전이 아닌 문서로 기록된 기록물로 남아 있어야 할 중요한 이유가 여기에 있다. 이러한 기록물이 있기에 우리는 유다의 어떤 왕들이 선정을 베풀었는지 악행을 저질렀는지, 조선의 왕들이 어떠했는지 오늘날 알 수가 있다.

이제부터라도 나에게만 좋은 게 아닌 학교 공교육에도 좋기에 다시 권장했으면 하는 꼭 한 가지 바람이 있다.

일기 쓰기를 초중고 어느 때부터라도 인권이니 교사의 강요니 그런 정치 이념화된 말 하지 말고 적극 권장해서 글쓰기도 늘고 어려서부터 자신을 돌아볼 수 있도록 하고, 통제할 줄 아는 성찰, 통찰, 관찰하게 하는 교육현장이 되었으면 한다. 동시에 삶을 풍요롭게 하고 의미 있는 인생을 살 수 있는 지혜를 위해 누구든지 손쉽게 할 수 있는 한 가지를 제안한다. 수첩이든 노트든 평소 몸에 지니고 다니면서 메모하는 습관 가져 봄이 어떨까 해서 제안해 본다.

33

잘못하여 자른
호두나무로 인해 생긴 일

🌿 지난해 초겨울 있었던 일이다. 지난주 장비를 가지고 주차장 공사를 한 그곳에 석분을 깔아 바닥 마무리 작업을 마쳤다. 교인들도 길이 넓어져서 모두 한결같이 좋아하는 분위기였다.

내친김에 올라오는 길 쪽에 타 교회에서 운영하는 수양관이 있는데 나무 한 그루가 길 쪽으로 휘어져 나온 커다란 호두나무 얘기가 나왔다(사진). 왜냐하면, 이 나무를 베게 되면 대형 차량통행에 도움이 될 것 같았기 때문이다. 이에 그렇다면 그 나무 소유주가 누구인지를 알아보고 허락을 받아 자르도록 하자는 얘기였다.

교회 관리부장 얘기로는 주차장 토지를 매각한 분이 주인이라고 해서 그가 책임지고 알아보도록 했고 평소 교회 일에 적극적인 원로장로님이 작업하는 것으로 의견을 모았다.

얼마 후 원로장로님이 오후 5시경 자동기계톱을 가지고 나무를 베러 왔다고 하시기에 다시 관리부장에게 전화해서 재차 물었다.

"장로님이 나무 자르겠다고 오셨는데 그래도 전화하고 베야 하지 않겠어요?

혹시 나중에라도 …"

관리부장이 답했다.

"지금 자르신데요?

그냥 자르시게 하세요, 나중에 전화할게요. 제가 알아서 할게요."

그래서 별다른 걱정 없이 작업에 들어갔다.

그 나무는 상당히 큰 나무인지라 1차는 아래서, 2차는 장로님이 나무 위에 올라가서 기계톱으로 자르는데, 순간 하마터면 나무가 미는 힘에 밀려 3미터 이상 되는 높이에서 낙상할 뻔했다. 아찔한 일이었다. 하나님의 기적 같은 도우심이었다. 뒤로 몸이 약간 젖혀지는 그 순간 우측 나뭇가지를 가까스로 붙들 수 있게 하심으로 낙상의 위험에서 주님이 극적으로 지켜 주셨다. 3차로 밑동을 자름으로 작업은 완료되었다. 자로 재 보았더니 그 밑동 지름이 약 30센티미터 이상 되니 비교적 덩치가 큰 나무다.

그런데 문제는 이후에 터졌다. 자르고 난 그날 밤 9시 50분경 수양관 관리책임자인 박 장로님이란 분으로부터 전화가 왔다.

"민 목사님이시죠?"

"네."

"목사님, 밤늦게 죄송합니다. 교회 장로님과 목사님이 그 나무 자르셨다는데 왜 자르셨는지 듣고 싶습니다."

이런저런 설명을 하며 다시 확인해 보겠다고 하자 그 장로님이 이렇게 말하는 것이었다.

"이 문제는 그냥 지나갈 수 없습니다. 제가 지을 때부터 건축했기 때문에 잘 압니다. 그 땅은 수양관 땅입니다. … 소송을 할 겁니다. 그냥 넘어가지 않을 겁니다. … 변상을 하셔야 합니다."

이런 사실이라면 화가 날 만하다.

이런 사건이 있은 후 교회 관리부장에게 어떻게 된 건지 사실 확인이 필요했다. 그랬더니 나무 베기 전과는 달리 잘못 알고 있었고 그것을 나에게 잘못 전달한 것이다.

다음날 그 수양관 장로님에게 전화를 했다.

교회 올라오는 길 좌측 수양관 입구에 서 있었던 나무

"알아보니 잘못 알고 한 저의 불찰입니다. 더 변명할 여지가 없네요, 착각한 결과입니다. … 변상해 드려야 하면 변상도 하겠습니다. …"

그랬더니 의외로 박 장로님은 마음이 많이 누그러지고 부드러운 마음으로 물으셨다.

"왜 자르셨어요?"

그분께 이런 얘기를 들려주었다.

"길 쪽으로 나무가 돌출되어 자르면 차량통행에 원활할 수 있겠다고 한 생각이 그렇게 되었네요. …"

그랬더니 박 장로님은 오히려 웃으면서 말했다.

"제가 열을 내서 죄송합니다. 강화 가면 찾아뵙고 인사드리겠습니다."

어제와는 전혀 다른 분위기에서 화기애애하게 말을 주고받았다.

전화를 끊고 나서 그 교회 담임목사님과 다시 통화했다. 사실 그 교회 목사님은 금년 우리 교회 여름 캠프 때 잠시 교제를 나눈 분이 셨기에 대화하기가 약간 부드러운 구면이었다. 특히, 어린이와 교사들을 위한 전통 있는 「교사의 벗」 발행인이기도 한 목사님이다.

어제 있었던 일에 대해 자초지종 말씀을 드렸다.

"목사님, 알고 보니 저희가 잘못했습니다. 100퍼센트 잘못입니다. 할 말이 없습니다. 제가 베라고 했기에 전적으로 제 책임입니다. 나무 값을 변상해 드려야죠. …"

그러자 목사님도 박 장로님에게서 소식 들었다면서 내가 부임하기 오래전에도 허락 없이 20년 된 은행나무를 살라서 황당했던 기억이 남아 있다는 말씀을 하셨다. 그리고 금년 여름 캠프 때 우리 교회에서 만난 얘기를 하시며 이어 말씀하셨다.

"변상으로 나무를 살려 낼 수 있다면 좋겠죠. 목사님, 이렇게 됐으니 어떻게 하겠어요. …"

웃으면서 편하게 받아 주셨다.

이번 사건을 접하면서 몇 가지 드는 생각이 있다.

살아가면서 뜻하지 않은 분한 일이나 갈등 등 어떤 문제가 발생했을 때 욱하는 마음으로 하는 감정적 대처는 문제 실마리를 풀 수 없다는 점, 다만 잘못한 사실에 대해서는 철저히 인정하고 사죄를 구하고 구체적으로 해당 건에 대한 대가도 치를 줄 아는 진정성, 무엇보다 미심쩍은 불확실한 정보에 대해서는 반드시 사실 확인을 하고, 그것을 위한 서류가 필요하면 서류로 아니면 해당 당사자와 사전에 직접 의견을 조정할 필요가 있다는 것, 그러면서 무엇보다 평소 좋은 관계가 더욱 중요하다는 사실도 깨달았다.

　그날 밤 전화를 받고 마음이 무거워 다음날 새벽에 기도하면서 문제가 확대되지 않기를 구했다. 그리고 가장 먼저 "잘못했다. 할 말이 없다"라고 했더니 전날의 언성을 높이고 소송 얘기까지 한 것과는 달리 상대방도 유연한 마음으로 "열을 내서 죄송하다"는 말로 서로의 마음이 눈 녹듯이 풀어졌다.

　여러 모양으로 감사할 일이다. 예컨내, 나무 베는 중에 큰 사고가 날 뻔했는데 생명 지켜 주신 하나님께 무엇보다 감사하다. 또 재산 손괴를 당했는데 우리가 잘못했다는 사과를 받아 줌으로써 더 이상 추궁하지 않은 수양관 측에도 감사하다. 그리고 이번 일을 통해 앞으로 교회에 관련된 일을 진행할 때 일이 먼저가 아니라 불명확한 건에 대해서는 반드시 정확한 근거 확인이 먼저라는 사실을 깨닫는 소중한 경험을 할 수 있게 하신 것도 감사하다. 하나님께 감사한다.

34

무한 책임과 무한 존경

🍃 내가 목회를 하겠다고 하여 신대원에 입학한 지 올해로 어언 33년이 지났다. 그때의 뜨거웠던 마음은 도리어 세월이 흘러 연륜이 쌓인 지금과 비할 수가 없다.

돌이켜보면 그때 당시 목회자에 대한 인식이나 지명도 지금과 비교하면 교회 안에서만이 아니라 세상 밖에서 달랐고 훨씬 경솔하지 않았다. 심지어 신학교를 졸업하고 단독목회 나가서도 한동안 결혼 적령기가 한참 지나 노총각이었던 나에게 좋은 조건에 있는 자매들의 선호도가 무척 높았을 정도로 소위 인기직종(?)이었다.

그뿐만이 아니다. 전도사 때 교회 승합차를 운전하다 종종 길거리에서 불시에 음주 단속하는 경찰(전경)이 음주 측정기를 들이대며 막무가내 불라고 하며 난처한 경우를 당할 때가 있다. 그때마다 "저, 교회 전도사예요 혹은 교회 목사예요"라고 말하면 그중 일부이긴 해도 매너와 양식 있는 경찰이나 전경 중에는 깍듯이 인사를 하면서 "알겠습니다" 하고 측정기로 더이상 강요하지 않았.

아마 지금과는 상상하기 힘든 격세지감을 느끼게 한다. 일반 사회에서 목회자에 대한 그 정도 인식과 존경심이 없지 않았다. 그렇다고 교회가 전혀 문제가 없었던 것만은 아니다. 하지만 그때의 분위기와 정서는 그러했다. 나는 이것이 지극히 정상적인 사회 문화였다고 본다.

34. 무한 책임과 무한 존경 137

이렇듯이 목사와 성도의 행복한 관계(Relationship)는 어디서 올까?

마르지 않는 샘물과 같이 상호 간에 흘러 나오는 목사의 무한 책임과 성도의 무한 존경에 기인한다고 정리할 수 있다. 목사는 복음을 위해 생명을 걸겠다고 한 사람이다.

본드로 붙여 신고 있는 신발

그렇기 때문에 주님 사랑에 감격하여 조건 없이 주님의 일에 충성하고 그런 마음으로 조건 없이 성도들을 섬기고 희생을 계산하지 않는다. 적어도 이 초심을 잃지 않는 한 아무리 연륜이 쌓이고 목회현장의 규모에 상관없이 세속에 물들지 않은 멘탈이 건강한 목회, 마지막까지 물질을 초월하여 재정에 투명한 목회, 출세욕으로 인한 교권에 눈이 멀지 않는 영적 신선도가 유지되어야 하는 게 목회라고 본다.

왜냐하면, 그래야 부패한 세상을 새롭게 바꿔 낼 수 있는 압도적이고도 차별화된 선제적 위엄과 공감 능력의 우위를 점할 수 있기 때문이다.

그러면서도 목회를 하다 보면 작은 것 하나에 큰 위로와 힘을 얻기도 한다. 목회자의 성도를 향한 무한 책임은 작은 배려 속에서 싹튼다. 목회자의 지지와 사랑을 받고 자란 성도의 경우 영적 자존감이 높아 삶의 만족도와 성취감이 높을 것이다. 마찬가지로 목사도 성도의 존경과 세심한 배려가 지대할 때 소신 있는 목회로 목회적 역량이 극대화되어 교회 위상이 향상되는 건 당연한 귀결이다.

지난해 교사회의를 하는 중에 잠깐 내 생일 애기를 언급하게 되었다. 사실 나는 내 생일을 잘 기억하지 못한다. 이번에도 그 전날 아내가 말해 주기에 비로소 알게 될 정도로 무관심하다. 그리고 교회에서 예배 후에 전체 식사를 하기 전 생일 케익으로 축하해 주기도 하거나 대개 여선교회 임원들이 알고 있다가 우리 교회의 경우 봉투를 챙겨 주기도 한다.

그런데 이번에는 교사회의 중 내 얘기를 들은 한 교사로부터 깜짝 선물을 하루이틀 사이에 더블로 받게 되었다. 택배로 보내 온 목회자 셔츠(사진 2), 그리고 그다음 날 내 헌 신발(사진 1)이 다 떨어져 너덜너덜한 것을 양쪽 모두 본드로 붙여 신고 다닌다는 말을 듣고 나서 마음에 못내 걸렸는지 유명 브랜드 신발(사진 3)을 또 선물로 보내 왔다.

목회자 셔츠 선물

신발 선물

이처럼 목회의 보람을 성도의 관심과 배려에서 찾는다. 사랑도 두 배 선물도 두 배 기쁨도 두 배다. 성도의 무한 존경을 받은 그런 나로서는 자칫 해이해지기 쉬운 혼탁한 이 시대에 다시 한번 무한 책임을 느끼게 된다.

35

해마다 이때가 되면

🍃 강화는 산과 들과 강의 삼원색이 잘 어우러진 전형적인 도농 지역 중의 한 곳이다. 예로부터 강화도라고 더 잘 알려진 것처럼 대교가 건설되기 전까지는 육로가 아닌 뱃길로 통하는 섬이었다. 지금은 서울, 인천, 경기를 오가는 대교가 건설되어 주말이면 많은 사람이 찾는 선호 지역이 되어 교통 대란을 겪기 일쑤이다.

교회가 위치한 이곳도 도시 생활을 하던 사람들이 여기저기서 새 집을 지어 이사 오거나 세컨 하우스를 지어 놓고 오가는 이들이 적지 않다.

내가 섬기는 교회는 대도시와는 달리 풀과 나무로 우거진 땅이 있어 해마다 두 번 정도 전교인이 동원되어 내부는 물론 특히 외부 예초 작업을 하는 날을 공지한다. 5월 말에서 6월 초경이다. 이번 주 오후찬양예배를 마치고 나서부터 작업복으로 갈아입고 솔선수범했다. 온 교우들 역시 작업복으로 바꿔 입고 저마다 정해진 구역에서 비지땀을 흘리며 대청소 및 예초 작업에 돌입했다.

바닥 등 구석구석 쓸고 닦고 정리하는 분들, 지난 1년간 사용하지 않은 식당 청소 및 주방 정리하는 분들, 전지작업, 장작 패는 분들, 예초기로 풀을 깎는 분들, 그것을 모아 일정한 곳에 수레로 버리는 분들, 잔디 군데군데 잡풀인 질갱이를 일일이 호미로 캐는 분들, 화단작업하는 분들, 구예배당의 폐기물을 정리하여 분리 수거하는 분들 등 어느

교회 대청소, 교회 마당 예초 작업을 하는 성도들

 일손 하나 소중하지 않은 분들이 없으리만치 손과 발이 가는 곳마다 깨끗하고 말끔하게 내부와 외부의 분위기가 상큼해졌다.
 재활용품과 폐기물로 분리된 분량만도 지난해에 1톤 타이탄으로 2-3대 분량이었는데 그 해에는 구예배당까지 겹쳐 그 이상의 분량이다. 평소 농사일을 많이 해 온 성도들인지라 웬만한 기계들을 다 갖추고 있어서 일이 그나마 수월했다. 무엇보다 마음모아 일을 할 때는 몸을 사리지 않을 정도로 헌신적이기에 그러했다.
 어떤 권사님은 이런 선한 일하다 손바닥이 찢겨 피를 흘리면서도 대수롭지 않게 여기며 일을 이어 가는 모습을 보면서 고마웠다. 그러면서 또 한편으로는 예초기로 풀을 깎는 한 원로장로님이 이런 말도 건넨다.
 "우리 때까지는 예초 작업을 하지만 앞으로 누가 할 겁니까? 이 잔디 없애고 모두 포장해야겠어요."

잔디 제초 작업 작업 후 교회 식당에서 식사

　맞는 말씀이다. 세대가 갈수록 이 일은 쉬운 일이 아니다. 잔디밭이 주차장으로 사용되기에 비가 오면 질퍽거려서 바람직하지도 않고 주차장 확보를 위해서도 어느 땐가는 포장이 불가피한 게 사실이다. 그런데 이번에 특이한 것은 너무 가물어서 잔디가 별로 자라지 않아 예전에 비해 양들이 많지 않았다는 것이다.
　이렇게 땀 흘리며 몇 시간 작업을 한 성도들의 수고를 덜고 힘을 주기 위해 바삐 움직이는 분들이 있었다. 주방에서 국수를 준비하는 여선교회 회원들이었다. 멸치 국물로 맛을 낸 국수 간식으로 출출하던 배를 채우고 목마른 목을 축이며 숨을 돌릴 수 있었다. 이후에도 3시 반부터 시작한 대청소가 마무리하기까지는 오후 7시 반 가까이 되어서야 작업을 마칠 수 있었다. 도시 교회 빌딩을 가진 교회에서는 이런 모습을 볼 수가 없다. 왜냐하면, 용역 업체에 일체를 맡겨 청소하는 시스템이기 때문이다.

이런 일 할 때마다 3년째 한 번도 빠지지 않고 말없이 묵묵하게 헌신적으로 일하시는 분들을 보면 마음이 찡하고 늘 고마울 뿐이다. 하지만 자기 집의 일은 얼마든지 뙤약볕에도 열심히 하는데도 교회 연중 행사인 이런 일에는 한 번도 얼굴 내밀지 않는 이들이 없지 않다. 그런 그들의 평소 교회 생활이나 삶을 보면 교인들에게도 인정 또는 존경받지 못하는 부류들이다.

교회는 생명의 유기체이다. 그러기에 예배만 드리는 것으로 끝나지 않는다. 성도 간의 교제와 좋은 관계가 원활할 때만이 건강한 교회를 만들고 자신의 신앙 성장에도 필수불가결한 영향을 미친다.

감사한 것은 그런 사람보다 땀 흘려 헌신적으로 협력하는 분들이 훨씬 더 많기에 염려할 건 없다. 오늘도 그리스도의 몸인 교회로서 자신의 몸을 드린 육체의 수고로 함께 땀 흘려 일하는 분들이 있다는 즐거움이 말씀을 선포하기 위한 영적 수고로 인한 즐거움 이상으로 크다는 사실을 깨닫는 소중한 시간이었다.

36

코로나로 보석같이 빛나는 부부

🌿 2019년부터 지구촌 전역에 몰아닥친 '우한 폐렴'이라는 이름으로 시작된 코로나 집단 전염은 심각한 지각변동을 일으키고 있다. 이러한 전염병에 대한 두려움과 죽음이라는 1차 피해보다 그 이후에 미치게 되는 큰 파장이 있다.

예컨대, 기존에 가지고 있던 자유민주주의 소시민이라면 누구든 누릴 수 있는 평범한 삶의 방식과 평범한 보편적 가치관, 그리고 지극히 개인적인 최소한의 자유마저 강제로 봉쇄당한 채 3년 가까이 줄곧 길들어져 온 개인적 사회적 일탈 현상이다.

이런 악재를 틈타 국가 체제까지도 송두리째 전복시키려는 그런 반체제 이념을 가진 급진주의자들이 몇 년 전까지는 전면에 두각을 나타내지 못하고 그 전략이 실행되지 못했으나 지나온 5년 그리고 최근 2년 전 국민의 건강과 생명 보호라는 미명하에 코로나 정치방역으로 급물살을 타고 있음을 간과할 수 없다. 즉, 국가가 개인의 자유를 얼마든지 제한시킬수 있는 당위성을 확보함으로써 대다수 국민의 입, 손과 발을 여지없이 묶어 놓은 데 주저하지 않고 있다.

이에 이번 달 우리 감거협(감리회거룩성회복협의회) 제20차 기도회 및 세미나 강사로 초청한 황교안 전 총리는 이렇게 말했다.

정부의 이러한 정책에 대해 교회는 정부 말만 들었다. 그래서 대형교회도 방송 최소 인원 19명만 드리라고 하면 그 인원으로 영상 만들어 보내면 집에서 그것을 보고 예배라고 드렸다. 순교자적 정신을 잃었다.

계속해서 황 전 총리는 정부가 가장 기본적인 종교의 자유를 침해한 것과 함께 교회가 이에 굴종한 것에 대한 부당성을 지적했다.

헌법에 적시된 종교의 자유에 따라 예배와 전도의 자유가 있다. 그러나 코로나19 기간 교회의 전도가 상당히 위축됐다. 왜냐하면, 한국 교회가 정부의 시책에 굴종했기 때문이다.

이런 안팎에서 벌어지는 실망스런 현실에도 불구하고 나는 우리 교회 두 가정의 신실한 부부를 보면서 희미한 등불 속에서 희망의 빛을 보게 된다.

한 가정은 원로장로님과 권사님 부부이다.

이들은 지금까지 3년째 주일은 물론 매일 새벽기도회 등 모든 예배를 빠지지 않고 충성스럽게 출석하고 있다. 지난날 예배 금지 및 제한을 발표하고 당국이 사찰할 때도 개의치 않고 담임목사의 목회 방침에 따라 예배 자리를 철저히 지킨 분들이다.

최근에는 수십만 명의 확진자가 발병하면서 함께 사는 가족(아들, 가정, 손녀 등) 네 명이 몇 주 전 확진되었는데 그때 권사님은 이렇게 기도했다고 한다.

"하나님, 새벽에 목사님 물컵 강단에 올려야 됩니다. 빠지지 않게 해 주세요 ···."

그 기도대로 두 분은 새벽은 물론 다른 사람들은 돌아가면서 겁에 질려 빠질 때 한 주도 거르지 않고 지켰다. 지난 번 어느 때인가는 허리가 너무 아파서 눕기도 힘들고 걷기도 힘들 때도 이렇게 말했다.

"새벽에 나와 목사님께 기도 받으면 낫겠다. 기도해 주시라고 해야지 생각하고 그날 새벽에 기도 받았더니 즉시로 좋아졌어요."

이처럼 신앙생활 해 오면서 무슨 일이 있어도 주일을 생명처럼 지키시는 분이요, 남편 원로장로님과 함께 기도로 일생을 살아오신 신실한 분이다. 담임목사를 위해서 새벽마다 기도할 뿐 아니라 여선교회, 맡겨진 속회 속도원을 위해서 교회를 위해서 기도하는 일명 기도대장이시기도 하다.

나아가 물질로도 충성하고 몸도 성하지 않으신데도 두 몫, 세 몫 이상을 한다고 해도 과언이 아니다. 단돈 50만 원 가지고 오두막집에 30여 년 전에 이곳에 이사 왔는데 지금은 이층집도 주시고 땅도 주셔서 물질적으로도 잘 살게 해 주신 것은 오직 주님 중심으로 살았기에 모두 하나님이 복을 주신 은혜라고 고백하는 분이다. 코로나 상황에도 상관없이 신앙도 그밖에 모든 일에 한결같고 변함 없으며 신실하신 모범이 되는 권사님 가정이다.

또 다른 가정은 정말 특별한 권사님 부부 가정이다.

이분들은 강화에 사는 분들이 아니다. 인근 지역도 아니다. 수년 전 제천에서 목회할 때 만난 가정이다. 그 당시는 아들 딸 둘과 함께 네 식구가 교회에 출석했다. 지금은 멋진 아들딸이 직장을 얻어 따로 살고 있다. 이들 청년은 각각 출석하는 교회에서도 부모님 이상으로 요즘 청년 중에서 그다지 보기 쉽지 않은 믿음으로 잘 세워지고 은혜를 사모하는 자랑스러운 청년들이다. 따라서 권사님 부부 가정만 제천에 살고 있다.

이들 부부가 금년 1월 첫 주부터 매주 한 번도 빠짐없이 내가 목회하는 이곳에까지 매주 토요일마다 미리 와서 불편한 잠자리이지만 하룻밤을 머문다. 그리고 다음날 주일 새벽, 낮 예배 그리고 오후 예배드리고 다시 주중에는 사업장이 있는 제천으로 돌아간다.

제천에서 이곳까지는 무려 204킬로미터나 된다. 그러니 자동차로 트래픽 없는 정상적인 소통에서도 3시간이 넘게 걸리는 먼 거리를 예배하러 온다. 내가 이분들에게 잘해 드린 게 없다. 단지 말하는 대로 살려 했고 신앙에 불의한 일에 타협은 없다는 점을 강조했을 뿐이다. 세월이 흘러 뜻하지 않은 코로나 상황을 맞으면서 권사님 부부는 그런 것에 영향 받지 않고 소신 있게 하는 목회자를 찾았고, 그런 교회에 가기로 부부가 의견을 모으게 함으로써 보내신 천사 같은 분들이다.

지근거리에서도 편하게 신앙생활 하려는 유혹이 짙어져 예배를 소홀히 하는 이 시대가 아니던가!

폼 나는 교회를 찾아 쇼핑하는 모습으로 비춰지는 이 시대가 아니던가!

하지만 코로나라는 마치 난공불락과 같이 여기는 장벽 앞에 많은 교회가 갖가지 그럴싸하고 궁색한 변명으로 합리화할 때에 어떤 이유로도 예배를 폐할 수 없고 더군다나 정부 시책에 따를 수 없다는 내 입장에 권사님 부부 역시 기존 체재에 순응하는 사람들과는 결을 달리하는 심지가 곧은 분들이기에 이곳까지 찾은 것으로 생각된다.

그러기에 세 달째 출석하면서도 대화를 해 보면 늘 감사요, 긍정적이다. 그러다 최근에는 전국적인 오미크론 바이러스가 남편 권사님에게도 찾아왔다. 당연히 힘들어 쉬고 싶은 마음이 없지 않을 때 부인 권사님이 대뜸 이렇게 말했다.

"내가 운전하고 갈 테니 당신은 가다가 죽더라도 가야 한다."

그 말을 들으니 그야말로 감동 자체였다. 이에 나는 권사님 부부를 '영적 독립군 같은 가정'이라고 명명하고 싶다. 왜냐하면, 1900년대 초 독립군이 되려면 얼어 죽을 각오, 굶어 죽을 각오, 맞아 죽을 각오가 돼 있어야 했기 때문이다.

이런 충성스런 두 부부는 코로나로 더욱 보석같이 빛나게 하신 가정이다. 이 두 가정을 보면서 드는 생각은 지금의 현실에 교회의 존재감이다. 복음을 온 천하에 증거하기 위해서는 국가에 예속된 친위부대가 되어 침묵하는 나약함과 두려움에서 벗어나 담대한 믿음과 진정한 예스 그리스도의 제자도를 지닌 참 신앙을 회복해야 할 때라고 본다.

심방 중 내 평생 처음 듣게 된 특종 소식

🍃 추계 대심방을 누락된 몇 가정을 끝으로 특별한 두세 가정을 제외하고 은혜 중에 마쳤다. 매년 정기 심방은 춘계와 추계 두 차례 나뉘어 실시한다. 예컨대, 춘계 때는 속별로 해당 속회 인도자 또는 속장을 대동하여 심방한다. 반면에 추계 대심방은 우리 부부가 심방하되 속장이 순서대로 미리 짜 놓은 요일과 가정을 심방하는 방식을 취한다.

이와 같이 속별로 심방을 하면서 느낀 몇 가지 소감이 있다. 비단 이번만이 아니라 심방 때마다 늘 같은 일을 경험하기도 하지만 어떤 경우는 새로운 경험을 하게 되는 가정도 있다.

정기 심방은 수시 심방이나 사전에 예고 없는 심방이 아닌 만큼 심방을 하기 전 예배 시간에 광고하기를 몇 가지 중요한 이른바 트리플 협조사항을 부탁한다. 그리고 이에 대한 취지설명도 곁들인다.

첫째, 담임목사 심방시 TV를 끄고 심방을 준비하라: 마음가짐의 중요성, 주님 영접하는 마음
둘째, 예배드리는 중에 전화가 오면 받지 않도록 하라: 예배의 집중력
셋째, 온 가족(자녀포함)이 다 함께 참여할 수 있는 시간을 선택하라: 자녀 교육의 중요성 또는 담임목사와의 영적 교감

이번 심방받은 가정들이 대부분 이러한 트리플 규약에 따라 주었다. 어린 자녀들 또는 청년 자녀가 있는 어느 가정들의 경우 함께 예배를 드림으로써 자녀들에게 신앙 교육의 본을 보여 주는 체험장이 된다. 즉, 인지가 안 된 자녀들에게 교회 담임목사가 심방하는 경우 이렇게 모시는 것이구나라고 하는 학습이 되기 때문에 가정에서 자녀 교육에도 바람직하게 되어 단순히 예배 이상의 부대 효과가 있음을 심어주는 시간이기 때문에 중요하다.

또한, 한 가지 재미있고 한편으로 고마운 것은 강화는 농촌 지역이기에 가을걷이 한 풍성한 과일 내지는 추수한 먹거리들이 많은 편이다. 심방이 아닌 평소 때도 강화 쌀, 고구마, 감자, 양파, 참기름, 고추, 밤, 김치, 꿀 등 성도들이 재배한 온갖 식품들을 기쁜 마음으로 가지고 오지만 이번 심방 때도 준비해 놓은 고구마, 감 등을 챙겨 주는 가정들이 많았다.

그런가 하면 어떤 속회 몇몇 가정은 심방 감사헌금을 심방 예배상에 올려 놓은 것 말고 담임목사에게 도서비 내지는 식사비라고 하면서 별도 봉투를 주는 경우가 있다.

이런 경우 내 개인이 쓰지 않고 다시 그 성도의 이름으로 심방 감사헌금으로 주일예배에 드리거나 또는 십일조로 모두 드리고 만다. 공적 심방에서 받은 것이기 때문에 예전부터 그렇게 목회해 왔다. 그렇게 사는 것이 나는 자연스럽고 즐겁기 때문이다. 물론 봉투를 건넨 성도는 그것을 알 리가 없다.

특별히 이번에 심방한 어느 가정의 소식이야말로 특종이다. 지난해 등록한 가정으로서 처음으로 심방했다. 남편과 오래전에 헤어지고 30이 넘은 아들 딸을 둔 성도로서 교회 가까운 곳에서 가게를 운영하고 있다. 그런데 지금까지 한 번도 듣지도 보지도 못한 깜짝 놀랄 만한 애기를 들었다. 애견을 키우는 가정이었다. 그 방에 들어서

자 강아지가 우리를 반기며 안겨 재롱을 떤다.

그러면서 그 성도가 하는 말이 이 강아지 이전에 알아 주는 품종인 강아지를 키웠는데 2주 전에 도로가에서 차에 치여 죽었다면서 김포에 있는 애견화장터에서 화장하여 찍어 놓은 마치 사람 영정 같은 사진을 보여 주었다. 더더욱 놀란 것은 그 강아지를 화장하고 난 유골함 항아리를 사람처럼 현재 방에 비치하고 있었다.

화장비로 80만 원, 이후 지금 새로 키우고 있는 애견 다리 수술하느라고 120만 원 들었다고 한다. 사람 못지않게 애지중지하는 것을 알 수 있었다.

듣기로는 강아지도 사람 호적에 올리는 것처럼 주민등록부에 같은 가족으로 등재한다는 흘러가는 얘기로 들은 것 같다. 실제 우리나라에 그런 법 제도가 갖추어 있는지 정말 특종 소식이 아닐 수 없다.

그러면서 이런 생각을 해 보았다.

'앞으로 심방 문화도 달라지는 것 아닌가?'

그러나 아무리 문화가 달라지고 세상이 요동해도 분명한 것, 잊지 말아야 할 한 가지가 있다. 그것은 복음의 변질은 용납할 수 없다.

따라서 우리 살아 계신 하나님께 영광을 돌리고 즐거워하기보다 주님 외에 피조물을 더 사랑하고 관심을 가지고 그것들을 높이고 섬기는 모든 것은 합당치 않다는 사실이다!

38

아빠 들어갈 수 없어요!

🍃 고위직 공무원이나 고급 지휘관의 경우 자신의 처신에 대한 품위는 세간에 주목받기 마련이다. 따라서 행동 하나, 말 하나까지 스스로 품위를 지켜야 한다. 이에 따라 그들에게는 품위유지비도 지급된다. 품위(品位)란 '사람이 공적이든 사적이든 갖추어야 할 위엄이나 기품'을 말한다.

이런 품위를 소중히 여기는 또 다른 부류가 있는데 사관생도이다. 이들이 학교에서 학기를 마치고 방학을 맞아 집에 오는 경우 사복이 아닌 제복을 입고 나온다. 해사의 경우 모자에서부터 하복인 흰 제복에다 하얀 구두 그리고 007 가방에 이르기까지 국가가 일체를 지급한다. 그뿐만 아니라 재학 기간 일정한 품위유지비도 지급되는 혜택을 누리게 된다. 금년 해사에 입학한 아들이 지난주까지 7월 한 달간 포항에서 해병 훈련을 마쳤다. 그 훈련이 끝나자마자 1학기 방학에 들어가면서 집에 온다기에 공항으로 마중 나갔다.

4년 동안 내내 정해진 규율에 따라 문무를 겸비해야 하는 아들에게는 대학생이 되어 누릴 첫 학기의 설레임과는 달리 일반 대학생들처럼 낭만을 즐기는 것과는 크게 거리가 멀다. 아내와 함께 집으로 향하는 중에 점심 시간이 훌쩍 지나 식당에 가서 아들에게 시원한 콩국수를 먹자고 했더니 아들이 "아빠, 들어갈 수 없어요"라고 말했다. 제복을 입고 그런 곳에 들어가면 안 된다는 것이다.

그 순간 '아차! 그렇지' 싶었다. 4년간 전액 국비로 공부함은 물론 엄격한 규정대로 100퍼센트 기숙사 생활을 하는 가운데 지휘관으로서의 소양을 쌓아 가는 이들에게서 무언가 다름을 발견했다. 어디서든지 제복을 입고 있는 한 재학 기간 내내 품위를 소중히 여기게 하는 사관생도의 정신적 가치가 자랑스럽게 여겨졌다. 어떤 옷을 입느냐에 따라 자신의 행동거지(行動擧止)가 확연히 달라지는 신선함을 내 곁에 있는 아들에게서 볼 수 있었다.

한편, 똑같은 대학생 신분으로 오래전 예비군 훈련받을 때가 스쳐갔다. 학생예비군으로 일 년에 한 차례 몇 시간 군부대에 가서 같은 대학생끼리 훈련받을 때가 있었다. 예비군복을 일명 개구리복(개구리 색깔과 비슷하여 붙여진 말)이라고 부르던 시절이다.

이 복장만 하면 몇 가지 이상한 행동을 목격하게 된다. 즉, 말을 잘 듣지 않아 지휘관이 통제하는 데 애를 먹는다. 아무 데나 방뇨하기 일쑤이다. 쉬는 시간은 물론 끝나고 나면 음주 흡연은 예사다.

이런 행동은 일반사회 예비군들일수록 더 심하다. 어떤 제복을 입으면 품위를 지키고 행동을 삼가는 경우가 있는가 하면 예비군복처럼 이 복장을 하기만 하면 적지 않은 이들이 품위는 고사하고 볼썽사나운 행위로 스스로 천하게 보이는 경우가 있다.

그러면서 사관생도인 아들을 보면서 몇 가지 생각을 하게 된다. 사관생도의 자부심이 제복 자체에 있는 건 아니지만 그 제복을 입고 다니는 한 사관생도로서 품위를 유지해야 한다는 점에서 높이 평가하고 싶다. 그 제복을 입은 4년 기간 동안 학과 공부와 군사 훈련을 갈고닦은 실력과 함께 자부심과 정체성을 가지고 조국에 대한 충성심을 갖게 한다는 점에서 제복 외출은 권장할 만하다. 그 제복을 착용하고 음식점 출입도 함부로 하지 않게 교육받을 정도라면 감히 부끄러운 장소 출입을 삼가는 것은 두말할 나위도 없다.

품위가 이토록 소중하다. 잘 먹고 잘사는 것만이 사람답게 사는 게 아니다. "모로 가도 서울만 가면 되는" 게 아니다.

그러면서 그리스도인의 위상을 생각해 보았다. 우리도 제복을 입은 사람들이다. 그 제복은 "그리스도로 옷 입고"(롬 13;14)라고 했으니 출입할 곳, 출입하지 말아야 할 곳을 가려야 하겠다.

나아가서 목사인 나에게는 더더욱 목사 가운만이 아니라 목회자 셔츠(제복)를 입고 다니는 한 만드시 목시로서의 품위를 지킴으로써 세상에 다니되 몸을 삼가는 일을 사관생도인 아들로부터 배우게 되는 좋은 기회가 되어 감사할 따름이다.

39

관심을 두니 변신한
유초등부 예배실

🍃 현재 예배당과 별관인 사택이 2003년에 2층 적벽돌로 건축되었다. 1층에는 목양실, 소예배실을 비롯한 각종 방이 마련되어 있고 2층은 예배당, 유아실이다. 별관인 사택은 2층이고, 1층은 식당 및 창고로 되어 있다.

그런데 시간이 흘러 방수가 안 되다 보니 작년 한 해 장마철 때 예배당 안에 비가 새어 고통이 이만저만이 아니었다. 부임 전 기존 지붕 위에 보강하는 강판공사를 했다는데 부실하여 2년 전에 강풍에 날아가 버린 채 있었다. 이에 지난해 다시 철 빔을 받쳐 지붕을 튼튼하게 덮는 공사를 했다. 그 이후로는 비가 새지 않아 비가 올 때마다 오는 큰 고통을 덜게 되었다.

그런데 그동안 누수가 되어 내부 벽 곳곳에 남아 있는 알록달록한 자국들이 미관상 눈에 거슬렸다. 그중에 가장 심한 곳이 더욱이 다음 세대 희망인 교회학교 유초등부가 예배하는 소예배실이기에 마음이 아팠다. 부임 첫날부터 매일 새벽기도회 하는 곳이었기에 금방 눈에 띄었다.

이런 것들을 보며 나는 평소 성도들에게 이런 말을 하곤 한다.

"일꾼은 일이 보여야 일꾼이다. 진정한 임원은 그 일을 처리할 줄 알아야 한다. 그런 일 하라고 교회는 그런 사람을 임원을 세우는 거다. 즉, 몸과 물질로 책임을 질 줄 아는 사람이라야 한다."

그러면 듣는 사람은 듣는다. 그리고 시행하는 분들이 있다. 직분이 있어서 하는 분도 있지만, 직분이 없어도 물질로, 몸으로 헌신하는 분들도 보았다. 심지어 교회에 애정을 가진 외부에 계신 분까지 돕는 일도 있었다. 대개 그런 분은 부모님이 출석하신 자녀분들의 경우가 그렇다.

지난해에도 교회 외부 십자가 종탑 공사, 지붕 공사, 그리고 내부 강대상을 비롯하여 목양실 리모델링, 1, 2층 천장 등을 LED 등으로 교체 공사 등이 있었다. 올해에도 할 일이 줄지어 있다. 현재 교회와 인접한 곳에 위치한 구예배당 주차장 포장 공사가 어제부터 시작되었다. 그리고 가장 마음에 걸렸지만 차일피일(此日彼日) 미루어 왔던 유초등부 예배실 내부 흡음재 공사를 지난주에 마쳤다.

그동안 어린이들에게 너무 미안했다. 쾌적한 분위기를 조성해 주어야 할 곳을 기성 세대, 임원들이 너무 오랫동안 무관심했고 방치된 거다. 나 역시도 이런저런 일로 미루다 너무 늦었다.

그러던 중 마침 새가족 중 어느 분 집에 춘계 대심방을 갔는데 유초등부 예배실이 너무 미관상 좋지 않다는 바로 그 점을 새벽기도 참석한 후 지적하였다. 그러면서 거기에 소용되는 비용을 그 새가족이 부담하겠다는 말씀이었다. 그 얘기를 듣는 순간 더 이상 미룰 수 없다고 여겨 즉시 흡음재를 인터넷으로 구입해서 작업에 들어갔다.

그전에 해 본 경험이 있기에 재료만 구입하면 인건비 들이지 않고도 할 수 있는 보람된 일이었다. 이렇게 마친 모습을 위에 제시한 사진에서 일부를 소개했다(사진). 앞뒤, 좌우를 다양한 색깔을 조화하여 부착했다.

이 공사 하기 전 세 가지 기대 효과를 고려했다.

첫째, 비가 새 들어와 이곳저곳 눈에 띄게 얼룩진 곳을 이 흡음재로 가려 깨끗한 분위기로 개선하고자 함이었다.
둘째, 미관개선은 물론 무엇보다 어린이들 예배실을 그들 눈높이와 정서와 분위기에 맞게 알록달록한 색상을 조화할 수 있는 장점이 있었다.
셋째, 해 놓고 나니 분위기가 산뜻하고 친근감 있게 느껴지면서 그동안의 어두운 마음이 밝아지게 되었다.

교회는 조금만 관심 가지면 그리 큰돈 안 들이고도 얼마든지 새로운 분위기를 연출하고 쇄신할 수 있는 길이 보인다. 문제는 평소 관심이고 애정이다.

에리히 프롬은 그의 책 『사랑의 기술』에서 사랑의 다섯 가지는 관심, 책임, 존중, 이해, 주는 것이라고 말한다. 사람을 사랑하는 데 그런 것처럼 주님 사랑하고 교회 사랑하면 먼저 교회에 무엇이 필요한지 관심을 가지고, 또 내가 어디에 필요한지 관심을 가지게 된다는 말이다. 그런 사람은 관심사가 달라진다.

즉, 교회 구석구석 일이 보인다. 예컨대, 교회학교 어린이들에 관심을 두면 교사가 아니어도 어린이 예배 때 누가 무슨 말을 하지 않아도 나와서 하다못해 신발 정리라도 하는 등 할 일을 찾는 관심을 보인다. 이런 분이 교회 임원이어야 하고, 일꾼이라고 부를 수 있다. 그리고 거기서 나아가 물질이 필요할 때 겉치장 하는 수식어나 말만 나열하지 않고 스스로 책임을 부담할 줄 알면 그런 사람이 지도자다. 오늘날 교회나 이 나라도 이런 사람들이 너무 절실히 요구되는 시대다.

40

역병 속에서도 평온한 심방

🌿 새로운 교회를 부임하는 경우 가장 큰 관심은 성도들 개개인이다. 그런 성도들이 모두 평생 한 번도 만나 본 적 없는 낯선 교우들이다. 따라서 개개인의 이름도 모르고 설사 한두 번 본다고 한들 특별한 몇몇 분을 제외하고는 얼굴과 이름이 일치가 안 되어 조심스럽다. 한 주 두 주 흘러도 마찬가지이다. 그래서 개인적으로 얼굴을 익히고 다소라도 친밀한 대화를 나눌 수 있는 시간이 바로 심방이란 전통적 만남이다.

부임 이후 그동안 이래저래 분주하게 지내다 보니 한 달 이상 심방 계획이 미루어졌다. 게다가 난데없는 코로나19 사태로 또 몇 주 연기하다 지난 3주 전부터 부임한지 2개월이 지나서야 속별 부임심

관심을 가지니 변신한 유초등부 예배실

방을 시작하게 되었다. 교우들 가정 대부분 교회를 중심으로 그리 멀지 않은 지역에 거주하고 있기에 같은 속도원의 경우 그리 동선이 길지 않아 시간 소비가 적은 장점이 있었다.

저녁 시간에 심방하는 직장인을 제외하고는 대부분 오전, 오후 시간대에 각 속장이 짜놓은 순서에 따라 교우들의 각 가정을 심방했다. 하루에 보통 6-7가정까지 짜 놓았기에 한 가정에 1시간도 채 머무를 수 없을 만큼 시간이 빡빡한 일정이었다. 그도 그럴 것이 끝나고 이동하는 시간, 중식 시간까지 고려하다 보니 사실 깊은 대화는 쉽지 않았다. 바로 그 점이 아쉬운 점이기는 했으나 여운을 남겨 놓는 것도 필요했다.

역병으로 인한 우려와 달리 연로한 몇 분 교우 가정을 제외하고는 대부분 심방을 마칠 수 있었다. 심방을 모두 마친 이번 주간은 성도들이 파악되어 한눈에 모습들이 들어왔다.

심방을 하다 보면 몸이 아픈 분들이 적지 않다. 코로나 전염의 두려움으로 밀착하는 것을 금지함에도 불구하고 간절한 마음으로 우리 부부가 함께 기도했다.

아내는 옆에서 같이 아픈 부위에 손을 얹고 기도한 후 마치고 나면 어떤 성도의 아픈 부위가 뜨겁고 자기 몸이 뜨겁다고 체험을 증거하곤 한다. 그 열은 코로나19 발열과는 전혀 무관하다. 코로나가 열에 약하다고 하니 이번 심방으로 성령의 불이 거세게 불어 임함으로써 악한 바이러스가 소멸되기를 바랄 뿐이다. 대체적으로 성도들이 겉으로는 무표정하고 담담한 것 같지만 대화를 하다 보면 속마음으로는 신앙생활을 뜨겁게 하기를 원하고 있다.

심방을 다 마친 지난 토요일에 연로하신 부부의 따님이 부모님 뵈러 왔다가 우리 부부를 만나 보고 싶다고 목양실을 찾았다. 현재는 천안에 거주하는 남편은 의사, 본인은 간호사인 부부로서 초등학교 때 이미 서울로 전학 갈 정도로 교육열이 뜨거운 가정의 맏따님이었다. 그러면서 평소 이곳 강화문산교회를 위해 기도를 많이 해 왔다고 하면서 새로 부임한 목사님에 대해 여쭤 보았다고 한다. 그분들이 우리 부부를 이렇게 평했다고 한다.

"목사님은 성경을 중심으로 잘 가르쳐서 좋고, 사모님은 아주 친절해서 좋다."

그리고서 부모님이 주님을 잘 섬기다 주님 앞에 사실 수 있도록 영적으로 잘 지도해 달라는 당부를 거듭 부탁했다.

이번 심방은 특별히 여느 때와 달리 역병 속에서도 평온한 심방을 마치면서 몇 가지 느낀 점이 있다. 먼저는 성도들이 교회를 사랑하는 마음들이 다 크다는 것을 느꼈다. 모두들 열심히 살아온 근면 성실한 분들이었다. 교회 114년 역사만큼이나 성도들 중에는 신앙의 뿌리가 4-5대인 가정이 여럿 있었다. 더욱이 그들 믿음의 선조들 가운데는 교회에 기념비적이 될 만큼 크게 헌신한 분의 가정도 있었다. 목회자가 있는 가정 역시도 여럿이었다. 몸이 아픈 분들이 무척 많았다.

그러면서 드는 생각은 하나님의 말씀을 통해 주님을 뜨겁게 체험하는 감격과 함께 위로부터 부으시는 하나님의 초자연적 은혜와 불 같은 뜨거운 성령의 역사가 각 성도에게 임할 때 살아 계신 하나님 한 분만으로 만족하고 기뻐하는 변화된 성도들이 되었으면 하는 기대감이다.

매 순간 기도하면서 때때로 시름이 닥쳐올 때마다 야곱과 같이 영적 씨름(창 32:25)을 통해 새 일을 행하게 하실 주님과 오늘도 그 씨름의 현장 속에서 하루하루 은혜로 살아가고 있다.

41

잊지 못할 이런저런 사연들

🍃 수년 전에 담임했던 교회 당시 40대 후반쯤 된 집사님으로부터 감사와 진심 어린 마음을 담은 편지 한 통을 받은 적이 있다. 이분은 그 교회에서 1단계 8주, 2단계 8주를 합해 총 16주 중보기도훈련학교를 통해 기도 훈련이 얼마나 유익하고 중요한지를 몸소 경험했다. 수료식 전에 반드시 간증문을 기록하여 읽도록 하는 시간이 있는데 그때도 자신이 받은 은혜와 변화된 삶을 고백한 적이 있다. 그러다 그 교회를 떠나게 되는 날 나에게 편지 두 장을 건네 준 것을 이사짐을 정리하다 지금도 보관하고 있던 중 다시 보게 되었다. 구구절절이 감동 어린 꾸밈없는 있는 그대로의 순전함과 함께 요소요소에 안타까운 하소연도 언급한 그 편지의 일부 내용은 이렇다.

… 목사님께 편지 쓰는 것은 처음 이예요. … 교회를 다녀도 믿음이 항상 그 자리였는데 목사님 오셔서 기도 훈련을 통해 많이 배우면서 깊이 있는 기도도 배웠고 이제 조금씩 믿음이 자라는데 떠나신다니 정말 잘 섬기지도 못하고 죄송해요.
항상 말씀과 기도를 가르치고 지키시는 목사님인데 과연 이 땅에 목사님 같은 분이 얼마나 계실까요? …
저는 목사님이 진짜 진실한 목사님인 것 같은데 이런 목사님 못 섬기면 어떤 목사님 섬길까 참 답답합니다. … 우리 교회 하나님

없는 것 같아요. 변하지 않는 성도들 …
목사님, 사모님, 사랑합니다. 보고 싶을 거예요.
목사님 짱! 화이팅!(이하 생략).

이분만이 아니라 나와 함께 16주 중보기도 훈련을 끝까지 수료한 분들은 거의 예외없이 교회 충직한 일꾼으로 담임목사 방침에 마음을 같이하여 교회 모든 분야에서 몸과 물질과 재능으로 묵묵히 섬기던 분들이었음을 감히 말할 수 있다.

예컨대, 그들이 중보기도 훈련 받은 두 번의 간증문에서도 다시 보여 주고 있다. 이에 훈련받은 몇 분의 간증 일부를 소개하고 싶다.

어떤 장로님의 간증이다.

> 지금까지는 기도의 폭이 너무 좁아 나의 일용할 양식에만 치중한 기도였다. 지금까지는 미지근한 마음으로 하늘 대문 앞만 얼쩡거리는 기도였다. 이제부터는 기도의 폭을 넓혀 남을 위한 중보기도를 많이 해야겠다는 사실을 깨달았다. 중보기도훈련학교를 통해 많은 것을 배우고 깨달았다. …(생략).

또 다른 장로님은 처음에 대수롭지 않게 여기고 시큰둥했다가 훈련받은 이후 변화된 간증이다.

> 중보기도 훈련을 임원 우선으로 한다는 목사님의 말씀에 솔직히 망설이게 되었다. 중보기도라 하면 상식적으로 알고 있는데 뭐 특별한 게 있을까 의문도 들었지만 일단 신청하기로 했다. 미리 수료했던 분들의 간증 영상을 보여 주셨는데 무슨 말씀인지 통 와닿지 않았다. 평소 목사님이 사용하시는 "체질을 바꿔야 한다"

는 말씀을 강조하셨다. … 한 주 한 주 시간을 더하면서 변하지 않으려 애쓰던 나, 영혼 없는 기도, 형식적 신앙인으로 살고 있는 내 모습, … 뒤를 돌아보게 되고 회개가 밀려 왔다. 이제는 목사님과 성도, 교회와 나라를 위해 복음 전파를 위해 지경을 넓혀 적극적으로 기도해야 한다는 거룩한 사명감이 꿈틀거리기 시작했다. … 16주는 길게만 느껴졌는데 목사님 가르침 따라 읽고 암송하고 모여 같은 마음으로 기도하다 보니 한 주가 금방 지나가게 되고 마친 후 돌아가는 발길은 가볍기만 했다. … (생략).

그리고 어느 권사님의 간증 일부이다.

지금까지 신앙생활을 하면서 나와 가족 외에 다른 이들을 위해 간절한 마음으로 얼마나 기도해 보았나 하는 깨달음이 이번 중보기도 훈련을 통해 생겼다. 지금까지 기도는 나와 내 가족만을 위한 기도였다. 내 기도하기 바쁘고 시간도 없는데 하며 잠시 기도하는 데 머문 나의 신앙생활을 확인하는 시간이 되었다. 그럴 때마다 하나님은 얼마나 탄식하셨을까 하는 마음에 마음으로부터 울컥하는 그 무언가를 느끼게 되었다.
전에는 1시간 기도가 무척 오랜 시간이고 중언부언했는데 점차 시간이 지나면서 하나님이 감동으로 역사하셔서 기도하는 시간이 금방 지나가게 하셨고 다른 이들을 향한 기도를 하게 하셨고 인내하며 기도의 자리를 지키게도 하셨다. … (생략).

그 외에도 직분에 상관없이, 신앙경력에 상관없이 초신자까지도 중보기도 훈련을 통해 얻은 결론은 다음과 같다(다음 검색창에 "중보기도훈련학교 간증문"으로 검색).

첫째, 하나님을 사랑하는 그 증거가 기도로 나타난다.

둘째, 목회자와의 관계가 친밀해져 목회에 파트너십의 관계를 가지고 협력함으로써 목회자가 소신껏 힘있게 사역할 수 있도록 한다.

셋째, 말없이 몸과 물질로 충성하는 신실한 일꾼이 되어 활력 있는 주님이 원하시는 교회를 세우는 창의적이고 자발적인 봉사자들이 발굴된다.

42

기도공명(祈禱共鳴)이
일어나는 기도회

🍃 금년 3월부터 대학 모교에서 매월 한 차례 열리는 월례기도회에 동문 출신 목회자들로 구성된 숭목회가 참석하고 있다. 여기에 감리회 모교 동문 교단별 공동회장을 맡고 있는 나로서는 책임도 있기에 매달 꾸준히 참석해 오고 있다. 이유는 단 한 가지에서다. 최근 대학만이 아니라 기독교계 학교 정체성이 내부는 물론 외부로부터 심한 도전을 받고 있다는 소식을 접하고서다.

이에 현실적 위기를 극복하기 위해서라도 동문의 한 사람으로서 또한 기독교 학교 건학 이념이 결코 외압에 의해 굽혀져서는 안 된다는 한결같은 인식하에 학교측의 안타까운 소식을 들은 뜻있는 동문 목회자들이 각 단과대학 교수들 중심으로 주관하는 그 기도회에 참석하고 있다.

사실 모교까지 가려면 적지않은 시간을 들여야 한다. 서울 시내 교통 체증을 고려해 지하철을 이용하다 보니 새벽기도회를 마치고 경춘선 첫차 시간인 5시 35분 전철에 맞춰야 한다.

왜냐하면, 기도회 시간이 오전 7시이기 때문이다. 1시간 35분 소요 시간이라고 하지만 집에서 나온 시간까지 합치면 왕복 4시간 이상 걸려야 만이 기도회에 참석할 수 있다. 그런 전체 예배 시간은 약 50분-1시간 내외, 그런데 정작 기도하는 시간은 많아야 5분도 채 안 된다. 기도회라고 붙여진 이름에 대개 세 가지 기도 제목을 인도자가 제시하면 그 제목을 가지고 때로는 조목조목 할 때도 있고 아니면 한 번에 마치는 경우가 있는데 그러다 보니 5분도 채 되지 않는다.

따라서 늘 갈 때마다 녹록치 않은 현실적 상황에 처한 중한 문제를 인식한다면 좀 더 간절하고도 마음을 토하는 진정성을 가지고 기도했으면 하는 아쉬움이 없지 않다. 기도회 끝나고 조식을 함께 하는 시간이니 식사하며 담소하는 시간을 조금 줄이더라도 기도회니까 이 부분에 더 열망을 가지고 기도할 수 없을까 하는 안타가운 마음에서다.

요즘 언제부터인가 "예배를 짧게 드립시다"가 유행어가 되었다. 그러다 보니 "기도도 짧게 하고 찬송가도 3-4절이면 1절만 부릅시다"라고 요구하는 일들이 흔하다. 특히, 학자들 모인 격이 있는 강연회라든가 아니면 심포지움 등에서 두드러진다. 그런 후 나머지 몇 시간씩 대화를 나누곤 하는 아이러니한 일들이 심지어 교회 안에서도 종종 보게 된다.

이럴 때면 우리들의 현재 지니고 있는 그런 마음의 상태가 예배라는 진정성과 예배나 기도회라고 붙여진 용어에 대한 개념이 무색케 되는 것은 아닌가 자문하면서 기독교의 퇴락과 무관하게 보이지는 않아 자못 우려스럽기도 하다.

닭이 운다고 해서 계명(鷄鳴), 호랑이가 운다 해서 호명(虎鳴)이라는 말이 있듯이 마찬가지로 사슴이 운다고 해서 녹명(鹿鳴)이라는 말이 있다. 중국 최초의 시가집이라고 불리우는 『시경 소아』(詩經小雅)에 이 녹명(사슴의 울음소리)이라는 시구가 들어 있는데 그 시는 이렇게 시작한다.

呦呦鹿鳴 食野之苹 (유유녹명 식야지평)

사슴이 유유 소리 내어 울면서 들판의 쑥을 먹는다.

   사슴은 본디 맛있는 풀을 발견하면 먼저 소리를 내어(유유:의성어) 울면서 동료들에게 알림으로써 같이 먹자는 사슴의 전달 언어라고 한다.
   여기에서 나눠 먹고 함께 쓰자는 뜻이란 의미로 녹명(鹿鳴)이란 말이 흔히 인용되어 왔다. 비록 자신이 지치고 고프게 살아왔을지라도 먹을거리를 보면 혼자 숨소리 죽여 자신의 배만 채우지 않고 내 주위 사람과 기꺼이 나누려는 마음은 현대인의 정서 즉 개인 내지는 집단 이기주의에 병들어 가는 사회를 치유하는 교훈으로 들린다. 물질만이 아니다.
   바로 기도가 그렇지 않을까?
   나만을 위한 기도에서 나아가 우리가 속한 교회 안 믿음의 공동체 형제들을 위해, 그리고 내가 거쳐 온 모교가 기독교 정체성의 위기를 맞고 있다는 소식을 듣고 동질성을 가진 숭목회 목회자들이 아무 사심 없이 모교를 위해 마음에서 울려나는 자발적 자명종 소리에 함께 참여하여 기도하는 모임이야말로 사슴이 먹이를 찾자 우는 소리로 그의 동료들을 불러 같이 먹고 살자는 그 애틋한 마음을 연상케 한다.
   이런 따뜻함이 있다면 비록 현재 우리 사회에 갈수록 심화되어 가는 현상, 즉 양편으로 갈라져 버린 오늘 우리 사회의 분열 형국도 얼마든지 봉합하고 치유할 수 있다고 본다.
   물리학에서 어떤 물체가 가지고 있는 고유 진동수가 있는데 이것에 힘을 가해 같아질 때 울리는 소리를 공명(共鳴)이라고 부른다. 나는 이에 착안하여 일명 '기도공명'(祈禱共鳴)이라는 단어로 제시하여 부르고 싶다. 다시 말해 기도로 울면 그 울음이 다른 사람에게 영적 생명의 파장이 그대로 전달되어 서로 사는 길을 보게 될 거라는 뜻에서이다.

"기도의 성자"라 일컫는 이 엠 바운즈는 『기도하지 않으면 죽는다』라는 기도 시리즈 책 속에서 이렇게 말했다.

> 하나님의 자녀임을 나타내는 가장 확실하고 분명한 특징은 바로 기도이다.

어느 때든 기도하지 않을 수 없을 때가 있었으리요마는 더욱이 지금 우리가 사는 이 시대야말로 교회나 세상에서 열리는 경축 행사나 세미나 한 순서에 덧붙여진 기도가 아닌 기도의 울음소리, 즉 기도 공명이 절실하게 이 산하에 울려 퍼져야 할 때이다.

43

비가 와서 매실수확 대박!
그런데 궂은날?

🍃 비가 오면 사람들은 흔히 "궂은 날씨"라고 무심코 말한다. 하지만 비가 온다고 "날씨가 나쁘다" 또는 "날씨가 좋지 않다"라는 말은 엄밀히 따지고 보면 사실 올바른 표현이 아님을 알 수 있다. 눈이 오는 것이나 바다에 폭풍이 이는 것도 마찬가지이다. 그 속에는 또 다른 생명의 보존을 위한 원리가 들어 있다. 그렇다고 일 년 내내 비 한 방울 없이 밝은 햇빛만 쨍쨍 내리 쬔다고 우리 판단으로 이런 날씨만을 좋은 날씨라고 말할 수도 없다.

왜냐하면, 추위와 더위, 햇빛과 비와 눈, 심지어 폭풍까지도 때에 따라 적절하게 하늘에서 내리고 비춰 주어야만 농사도 잘되고 수산업도 그리고 공산품 등도 모름지기 적기에 수확하거나 생산할 수 있기 때문이다.

며칠 전 주택을 새로 잘 짓게 됨을 감사해서 예배드리게 된 성도 가정을 심방하였다. 이 가정은 매실 농사를 하는 권사님 가정이었다. 아버지 권사님은 교회를 꾸준히 잘 출석하시는 분이다. 그러나 장남은 전에는 신앙생활을 잘했다고 하는데 지금은 아버지와는 달리 이런저런 사정으로 살아가기 바쁜 50대 초반이다. 그래도 이 아들이 있기에 매실을 수확하면 인터넷으로 판로를 전국망으로 알아보고 소비할 수 있기에 아버지 권사님으로서는 아들이 고맙기만 하다.

그날 함께 예배를 드리면서 그 아들로부터 금년 매실 수확을 하기까지의 과정을 듣게 되었다. 그 중요한 소재가 다름 아닌 앞에서 언급한 비에 관한 이야기였다. 밭작물이나 벼농사, 그리고 과수 농사 하는 분들에게 가장 중요한 자연의 혜택이 두말할 나위도 없이 하늘에서 내리는 비다.

그런데 금년에는 이 비가 너무 오지 않은 극심한 가뭄으로 이 가정의 그 많은 매실이 거의 열리지 않아 한참 수확철인 지난 7월 초까지만 해도 수확이 불가능하게 되었다고 한다.

마침 새로 집을 지으면서 판 지하수로 약 20톤에 가까운 물을 인공적으로 뿌렸으나 그 수고에도 불구하고 기대할 수 없었다는 것이다. 이렇게 포기 상태에 있었는데 집을 다 완공하고 난 7월 초 이후 그 당시 이틀 동안 가평에 꽤 많은 비가 내리게 되는 날이 있었다.

아들의 말에 의하면 그 전에 아무리 지하수로 물을 주어 살려 보려 했지만 소용없었는데 그때 하늘에서 흡족하게 내린 글자 그대로 단비 이후로 대량 수확을 하게 되었다는 반가운 소식을 전해 들었다.

그 말을 듣고 있다 내가 건넨 말은 이랬다.

"그것 보세요, 사람이 아무리 애쓰고 노력한다고 다 되는 것만은 아닙니다. 하나님이 보우하사 이렇게 도와주셔서 제때에 비 한번 내려 주시면 살길이 열리는 것 아니겠어요?"

아들은 그 말에 전적으로 수긍했다. 그리고 예배 시간 내내 찬송도 잘하고 이미 다 알고 있는 사도신경도 주님 가르쳐 주신 기도도 침묵하지 않고 소리 내어 드리는 모습이 다른 때와는 달리 마음과 몸이 예배 자리에 있음을 밝은 얼굴 표정에서도 읽을 수 있었다.

그러면서도 그 아들이 하는 불만 중의 하나는 아버지는 주님을 믿는다고 하고 기도한다고 하면서 비가 안 와서 걱정, 매실 딸 걱정,

팔 걱정만 하신다는 것이다. 그래서 평소 옆에서 듣고 있는 아들 입장에서는 그런 소리가 듣기 싫었던 것이다. 아마도 아들 입장에서 볼 때 하나님께 맡겼으면 그런 걱정하는 모습은 안 보여야 하는 것 아니냐는 아버지를 사랑하기에 안타까워서 하는 말일 게다. 그 아들은 "아버지가 체험적인 신앙이다"라는 말도 덧붙였다.

사실 그 권사님의 지나온 가정사 이야기를 들어보면 드라마틱한 간증이 적지 않다. 그 장남이 죽음의 고비를 넘긴 간증 등 여러 가지 하나님의 도우심을 받아 살아오게 되었다는 체험적 신앙을 가진 분이었다.

이번 심방 중에 그 아들이 들려준 이틀간의 비로 인한 대량의 수확 이야기를 들으면서 그 비야말로 "복된 장맛비"란 말씀이 생각났다. 우리가 사용하는 말, 심지어 기도 중에도 무심코 사용하는 말 중에 삼가 선택해야 할 용어가 있다.

그것은 이미 지적한 대로 비가 오는 날을 "궂은 날씨"라든가, "날씨가 좋지 않다"라든가 하는 말은 이제부터 지양해야 하고 더욱이 기도하는 사람이 표현할 수 있는 용어가 아니라는 생각이다.

내 입장만 보고 살다 보면 자칫 우리가 그런 말을 사용하게 되기 십상이고 그런 잘못에 빠질 수 있다는 사실을 잊어서는 안 될 것이다. 아마도 "짚신 장수와 우산 장수 아들을 둔 어머니 이야기"의 교훈을 이럴 때 새겨 볼 필요가 있지 않을까.

44

목사 가운에 담긴
속정(情)의 목회현장

🍃 목회를 하면서 교인들과 겪는 희노애락의 다양한 에피소드는 목회자라면 누구든지 경험하게 되는 사실이다. 그중에 교인들이 자신이 섬기는 담임목사를 위해 따뜻한 선물로 마음을 훈훈하게 해 주는 경우가 있다. 물론 교회 사이즈에 따라 그 크기의 질과 양이 다를 수 있겠으나 중요한 것은 섬세하게 관심을 보이는 교인들의 정성은 값으로 따질 수 없을 것이다.

최근 들어와서 일반 사회, 특히 정치계, 교육계, 공직 사회 윤리기강이 엄격해져서 법을 위반한 뇌물을 건네다 발각되는 경우에는 그 해당 직위에서 심하면 생명이 끝나기도 할 만큼 단호하다. 그럼에도 불구하고 목회현장에서 교인들 자신이 받은 은혜가 커서 그 교회 목회자를 사심 없이 섬기려는 인간적 애정은 법의 잣대를 댄다고 자를 수 없는 것이고 더더욱 그렇게 자를 만큼 불의한 거래가 아니기에 잘못 적용하여 말릴 수 없다고 본다.

종종 지인 목사님들을 만나 이야기하다 보면 이를 이해하지 못한 사람들의 눈에는 비난하고도 남을 그러나 내가 보기에는 얼마든지 좋은 미담들이 넘쳐 나기도 한다.

예컨대, 어떤 분은 "이번에 지방 감리사가 되고 보니 교인 중에 기동력을 위해 신차로 자가용을 바꿔 주었다"는 이야기, 또 어떤 분은 "자기 교회 자매가 결혼하려고 그동안 모아 놓은 자금을 설교 말씀을 듣고 교회 건축한다고 하는 그 귀한 일에 감동이 되어 전액을 헌금 했다"는 가슴 뭉클한 미담, "매주 강단에 서는 헤어스 타일을 셋팅해 준다"는, 재능 기부에 해당되는 섬김 이야기, 어떤 분은 "교회 외부 강사를 모시는 경우 그의 숙소를 미리 알아서 예약하여 전담하는 분이 있다"라는, 목회자가 할 일을 미리 예측하여 부담을 덜어주는 이야기를 한다.

이 외에도 크고 작은 교인들의 자랑을 들을 때면 그래도 은혜와 사랑이 넘치는 목회현장에서 볼 수 있는, 따뜻한 사랑과 존경과 섬김의 맛깔스런 미담이 아니겠는가?

다만 위에서 말한 미담이 누구에게도 자랑이 되기 위해서는 다음과 같은 몇 가지 전제조건을 충족해야 할 것이다. 즉, 전혀 생색내지 않는 자발적인 마음, 간혹 교회 내 의도된 자리 요구와는 무관한 사심 없는 호의, 그리고 만의 하나라도 목회자가 무리하게 부추기는 강요로 인한 억지춘향 식을 반드시 배제한다는 전제하에서 그렇다.

위에서 몇 가지 미담 중에 마지막 미담은 내가 목회하던 어느 교회에서 있었던 속정(情, 속에 있는 진실한 정)이 깊은 교인의 이야기이다. 최근에는 어느 교인이 건넨 사랑의 선물로 목회자 가운을 맞출 수 있게 되었다. 이번 가운이 네 번째쯤 되는 것 같다.

목사 안수를 받은 이후 세 번째 가운까지는 그다지 질이 좋지를 않았다. 그도 그럴 것이 저렴한 가격대였기 때문이다. 그리고 여름에는 가운을 입고 설교하다 보면 재질 자체가 더웠다. 가운을 입지 않으면 되지 않느냐 하겠지만 사실 양복을 입는다 해도 넥타이와 와이셔츠가 여간 신경 쓰이는 게 아니다.

내 경우는 목회자 셔츠를 착용하는 경우가 많아 특별한 경우 아니고서는 넥타이를 멜 일이 거의 없다. 그런 이유도 있겠지만 주일 낮 예배 때는 가운을 입고 예배를 인도한다.

이번에 맞춘 가운은 질감과 디자인도 비교적 마음에 흡족했다. 그리고 입어 보았더니 이전 것보다 더 시원한 편이다. 좀 더 가격대가 높기에 그런 것도 있었다.

1-2년 입을 옷이 아닌 매주 이 가운을 입을 때마다 선물해 주신 그분을 위해 잠시라도 기도하게 된다. 그 고마움을 생각하게 된다. 그리고 성도와의 좋은 교감은 메시지와 메신저 사이의 매우 결정적인 역할을 하게 된다. 메시지가 귀에 거슬리는 경우 중 하나는 성도와 목회자 사이의 교감 단절 내지는 불통이 원인이다. 따라서 좋은 교감은 메시지를 풍성하고 능력 있게 할 수 있는 근거가 될 것이다.

이런 오가는 사랑이 성도와 목회자의 따뜻한 인간애요 하나님 사랑이요 그 은혜 안에 사는 우리들의 자랑스런 모습이어야 하지 않겠는가?

어찌 하나님의 은혜와 사랑을 이건 이런 것이고 저건 저런 것이라고 칼로 무 자르듯이 재단할 거리로 해석되겠는가?

중요한 개념인 것은 틀림없는 인권, 차별, 갑질 등의 용어처럼 너무 세상 잣대를 들이대는 갈등과 대립 프레임으로 규정해 놓은 것으로는 살아가는 맛을 잃는다.

이에 부정적 이미지까지 등장하면서 베푸는 것마저 상대적으로 약화되거나 비난받는 것처럼 보이고, 주고받는 속정(情)마저 메말라가는 삭막한 이 시대에 바라기는 이런 아기자기한 훈훈한 사랑과 은혜의 미담들이 사막에 샘이 넘쳐 나듯이 교회마다 넘쳐 나기를 소망한다.

45

예수님이 노숙자래요!

🌿 한때 섬겼던 상천교회는 상천초등학교와 입구가 서로 마주 보고 위치해 있다. 그래서 수시로 어린이들을 접하게 된다. 어제는 수업 중 6학년 어린이들이 교회 앞길에서 그들 담임선생님과 함께 특별활동 시간이었던 것 같다. 마침 우리교회 출석하는 한 어린이가 같은 반 친구를 가리키면서 말했다.

"목사님, 저 애가 예수님을 욕했어요!"

"그래?…"

그러자 덧붙여 말했다.

'목사님, 예수님이 노숙자래요!"

아마도 우리 교회학교 어린이가 이 말을 듣고 자기 딴에는 아무래도 기분 나빴던 것 같다. 그런데 마침 나와 마주쳤으니 목사님이 약간은 혼 좀 내주기를 바라는 마음이었던 것 같다.

그런데 내가 "그 애는 예수님을 모르니까 그랬을 거야"라고 했더니 그렇게 말한 아이는 어린이답지 않게 별로 미안한 기색도 없이 도리어 담담한 모습이었다. (돌아서고 나니 우리 교회 어린이 기를 살려 주기 위해서라도 한마디 꾸짖어 주지 못한 아쉬움이 없지 않았다.)

길거리에서 잠깐 스쳐 지나간 어린이들끼리 하는 내용을 들은 대화 내용이었지만 이후 책상 앞에 앉아 있는데 몇 시간 전에 들은 그 말이 내 귓전에 다시 울려 오는 것 같았다.

"예수님이 노숙자래요!"

대개 이런 말을 시쳇말로 '불편한 진실'이라고 말할 수 있을 것 같다. 왜냐하면, 실제 예수님이 "…내가 나그네 되었을 때 영접하였고"라고 제자들에게 말씀하신 데서 그 근거를 찾을 수 있기 때문이다.

그뿐만이 아니다. 구약에서도 수차례 믿음의 사람들이 '나그네'라고 이미 밝히고 있다는 사실에서 알 수 있다. 예컨대, 아브라함이 그렇고, 야곱이 그러했으며, 다윗 역시 나그네로 자신을 규정하고 있다. 더 나아가서 스데반은 마지막 순교 직전 설교하는 중에 모세가 나그네였다고 증거한다.(행 7:29) 그리고 바울과 베드로, 요한 사도들 모두가 그리스도인들을 포함한 이 땅에 사는 사람들을 가리켜 하나같이 나그네로 부르고 있다는 사실이다.

나는 이 '나그네'라는 용어는, 그 어린이가 예수님을 무시하듯 빈정대며 교회 나오는 친구에게 쏘아붙이듯 말한 '노숙자'라는 용어로 또 다르게 표현할 수 있지 않을까 생각해 보았다.

물론 성경에서 말씀하고 있는 '나그네'라는 표현과 의미는 철없고 부질없는 그 어린이가 자기 식으로 뱉어 버린 노숙자라는 의미와 분명히 같을 수는 없다. 이는 마치 어린이가 단순히 목이 타서 "목마르다"라고 한 말과 내가 주님의 말씀을 너무 사모한 나머지 기도하던 중에 "목마르다"라고 한 말은 똑같은 우리말일지라도 그 뉘앙스, 즉 표현의 의미와 언어 가치에 있어서 전혀 다른 것과 같은 이치이다.

그럼에도 불구하고 곰곰이 생각해 보니 예수님은 노숙자 같은 나그네이셨다. 그도 그럴 것이 태어나실 때부터 알 수 있듯이 요즘처럼 제대로 된 산부인과에서 태어나신 것도 아니고 시설 좋은 조리원에서 보호받은 것도 아니다. 나아가 근사한 집 한 칸은 고사하고 머리 둘 곳도 없으셨다.

산에서 들에서 그저 지내셨던 삶이기에 하늘을 이불 삼고 모래 바닥과 풀포기 있는 곳을 침대 삼으셨을 잠자리 아니지 않았겠는가?

먹는 것은 어떠했는가?

우리처럼 한 주일이 멀다 하고 최고 부위 고기 파티로 뱃살 늘어질 만큼, 그것도 무한 리필로 먹다가 얼마나 먹었는지 과식으로 이제 토해 낼 만큼의 그런 포만감의 자리가 아닌, 하나님 나라를 전파하시기 위해 제자들과 함께 메마른 광야 길을 가시다 식사할 겨를도 없을 만큼 끼니도 거르셨다. 그래서 제자들이 먹을 것을 사러 가기도 했다.

자고로 나그네는 짐이 가벼워야 한다.

나그네가 무슨 캐리어(짐)를 그토록 많이 소지할 이유가 있겠는가?

그런데도 우리는 가득 채운 캐리어(감투) 늘리기에 여념이 없고 알고 보면 그 캐리어 때문에 지도자들의 싸움과 탐욕은 그치지 않는다. 그들로 인해 절대다수 사람의 시름은 깊어만 간다. 나그네의 삶을 망각하는 데서 오는 결과이다.

우리 교회학교 어린이에게 그의 친구가 거침없이 핀잔주려고 예수님을 무시하는 노숙자란 말이 만약 나그네라고 스스로 표현하신 예수님의 의도를 아는 어린이였다면 반대로 예수님을 변호하는 설명을 도리어 할 수 있었을 것이다.

하지만 우리 그리스도인들, 좀 더 좁혀 감리회 지도자들이 나그네로서의 삶을 잃어버린 채 자신의 배를 불리는 일에 눈멀어 가기에 이제는 이러한 철부지라 안중에도 두지 않을 어린이를 통해서도 엄히 경고하는 하나님의 음성이라 한다면 지나친 해석일까?

노숙자라고 생각 없이 뱉은 이 용어는 비단 철없는 그 어린이의 이야기가 아닌 재해석된 시대적 양심의 소리로 들려오는 것만 같다.

비록 이 어린이의 눈에 비춰진 예수님의 왜곡된 인식일지라도 그것은 탐욕에 눈 먼 지도자들이 지금 보여 주고 있는 현실에 대한 고발이요 저항인 것만 같아 여운이 짙게 남는다. 지나고 보니 그 어린이가 왜 예수님을 노숙자라고 불렀는지 되묻고 싶다.

교회 분위기도 메이크업

🍃 수년 전 가평 상천교회에 부임하고서 몇 날이 안 되었을 때의 일이다. 당시 밖에서 예배당 안으로 들어오려면 강화문을 열고 들어온 다음 다시 좌우로 여는 옛날 고동색 샤시(sash)문 두 곳을 통과해야 한다. 그런데 하루는 그 문을 열다 그만 손가락이 그 문 속에 끼어 피멍이 들고 말았다.

아픈 것은 말할 나위도 없고 시쳇말로 부임 신고식을 톡톡히 치렀다고나 해야 할까?

그러면서 이런 생각이 스쳐갔다.

'지금까지 이곳을 수없이 출입하는 교인들 가운데 나와 같은 상처를 당한 분들이 없었을 리가 없을거야!'

그래서 곧바로 문 교체 작업을 구상하였다. 바로 애간장을 먹인 샤시문을 자동문으로 교체하는 공사를 전문업체에 맡기면서 연로하신 분들에게 또 다른 안전사고가 따를 문턱까지 없앴다. 조금만 투자하면 이렇게 안전하고 좋은 문이 있는데도 수십 년을 그렇게 사용해 온 것이다.

그러면서 교회 곳곳을 둘러보니 이런저런 일거리가 수없이 눈에 들어왔다. 당시 112년이 된 교회가 주변 사람을 만나다 보니 모르는 이들이 적지 않았다. 그래서 이번에는 대로변에 지주간판(7m)을 세우는 공사를 하였다. 교회에서 6킬로미터 떨어진 청평읍내에 1개소,

경춘대로 변에서 교회로 향하는 상천역 입구에 1개소, 그리고 역시 또 다른 호명호수로 향하는 대로변에 1개소를 산뜻하게 제작하여 교회를 찾는 분들에게 오가면서 쉽게 눈에 띄도록 설치했다.

 십자가 종탑도 업자의 손이 가야 할 일이 있었다. 낡은 글씨를 제거하고 양면에 LED 간판으로 불빛이 들어오도록 했다. 이 공사비 전액을 서울에 사는 권사님이 어머니가 다니는 모 교회에 당시 선거일에 들렀다가 예배당 안에 제시해 놓은 교회 성구와 기타 세 공사비 필요한 목록을 보고 하나님이 주신 감동으로 헌금해 주셨다.

 사실 부임 초부터 한시도 마음 편할 날이 없던 짓눌림은 화장실 문제였다. 당시 사택 앞에 있던 일명 푸세식 화장실은 상상을 초월할 만큼 형편없었다. 어린이는 물론 자매들은 그때 그 화장실을 이용하지 않고 교인 집이나 자기 집 화장실을 이용할 정도로 웃지 못하는 그런 상황이었다. 공사 방법을 놓고 수개월 고민하다 그 이듬해 적지 않은 공사비로 최신식 음악 화장실이 신축되었다. 어쩌면 이 교회 와서 최고의 보람이라고 해도 과언이 아닐 정도이다.

 아울러 영아나 유아를 위한 자모들을 배려하기 위해 유아실도 뒤편에 새롭게 공사를 하였다. 앰프를 비롯한 음향시설 일체도 교체하였다. 그럼에도 불구하고 소리가 제대로 전달이 안 되고 울려 거북스러웠다. 그 이유는 예배당 내부가 석고보드 벽으로 되어 있었기 때문이다. 게다가 커튼이 아니고 창의 차단막은 블라인드였다. 이에 흡음재 공사를 좌우 앞뒷면을 하고 났더니 거의 소리가 잡혔다.

 어두컴컴하고 칙칙하던 옛날 강대상도 모두 크리스탈 성구로 교체되어 밝아졌다. 소음이 많고 자리를 차지하던 스탠드형 에어컨과 기름 온풍기를 처분하고 천장형 냉난방기로 깔끔하게 전면 교체하였다.

2017년에는 교회 113년 역사상 처음으로 담임 전용 승용차를 교인들의 헌금으로 구입하는 뿌듯한 일도 일어났다.

　　그런가 하면 예배당 밖에도 흐뭇한 공사는 이어졌다. 어린이들이 선호하는 놀이시설 트램플린을 설치하여 교회학교 어린이들이 생기 발랄하게 뛰어 놀 수 있는 놀거리를 제공하였다. 교회 예배당 앞 얼굴과 같은 상천교회라는 단정치 못한 낡은 간판 역시 다 철거하고 새로이 제작하여 산뜻하게 바꾸었다.

　　그뿐만이 아니다. 교회 전체 곳곳에 15개 정도 되는 옛날 오래된 샤시 유리창을 모두 이중창 하이샤시로 교체 또는 방음보강 공사를 역시 단행하였다. 프로젝트도 최신 기종으로 바꾸고 고급 드럼도 새로 구입하여 중창단을 부활시켰다.

　　그리고 새로운 의자 교체가 또 이루어졌다. 바로 지금까지 오랫동안 쓰던 장의자를 세련되게 제작된 개인 목재 의자로 모두 교체하는 공사였다. 장의자가 등받이 쿠션이 없어서 연로한 분들이 허리가 아프다는 말도 있었고 전체 분위기가 장의자 상태로나 색상으로 볼 때 어둡기에 변화를 주면 좋겠다는 생각 끝에 기획위원들과 협의하여 교체하기에 이르렀다.

　　교체하고 나자 예상 외로 교회 전체 분위기는 훨씬 밝아졌다고 이구동성으로 좋은 반응이었다. 감사한 것은 밖으로 들어낸 장의자도 재활용하는 교회가 있어서 쉽게 처분되었다.

　　이런 수많은 크고 작은 공사를 하거나 구입하고도 또 감사한 것은 아마 전체 총공사비로 따지면 꽤 상당한 액수일 것 같은데 조금씩 조금씩 해 온 결과 대출도 없고 헌금을 강조한 적도 없다. 도리어 예산이 부족하지 않고 남았다는 사실에 감사할 뿐이다. 그때그때 필요를 채워 주시고 여호와 이레 준비해 주신 하나님의 은혜였을 뿐이다. 이 일이 있기까지 성도들의 협력을 거론하지 않을 수 없다.

그러면서 남모르게 내 속에 흐르는 눈물이 많았다. 수년 전 여름 흡음재 공사를 저녁 늦게 다음날까지 홀로 하면서 1-2시간 잠시 눈을 붙였다 내 몸이 녹초가 될 만큼 가누기 힘든 순간에도 다시 일어나 내색하지 않고 새벽을 인도해야만 하는 때가 한두 번이 아니었다. 어느 주일 낮 설교 후 잠시 의자에 앉아 있노라니까 어지러워 쓰러질 것만 같은 때가 역시 한두 번이 아니다.

지금 생각해 보니 미련하리만치 깡으로 버틴 것 같다. 그럼에도 불구하고 목사는 교회가 점점 좋아지는 모습에 주님의 일을 하는 기쁨과 감격과 보람을 찾아 살아가는 것 같다.

그다지 오래되지 않은 시간이었으나 많은 변화와 시도가 있었던 것은 다른 것이 아니다. 위에 언급한 숱한 변화를 줄 수 있었던 것은 "아픔이 있어야 변화가 온다"는 진리를 스스로 깨달았다. 이처럼 교회를 관심 있게 보면 늘 새로운 것이 보인다는 사실이다.

"경제는 심리다"라는 말이 있다. 이와 비슷하게 교회는 분위기 연출이다. 좋은 분위기 메이크업이 필요하다. 따라서 목회자가 추구하는 방향과 코드를 읽고 함께하는 임원들이 있는 교회만 되면 나는 대한민국의 모든 교회는 도시든 농촌이든, 규모가 크든 작든, 위치가 좋든 좋지 않든 반드시 잘 될 수밖에 없다고 본다. 그래서 나는 임원들에게 이런 말을 강조하곤 한다.

"일꾼은 일이 보여야 일꾼이다. 그런데 애정을 가지고 관심을 두면 일이 보인다. 그리고 더 나아가 그 보이는 일을 처리할 줄 아는 책임 있는 사람이 진정한 리더이다."

47

단체 기합

🍃 지난 초중고 시절 잠에서 일어나기 전 으레 마을에서는 "새벽 종이 울렸네, 새 아침이 밝았네 …" 하는 〈새마을 노래〉가 들려왔다. 그리고 아침 일찍 등교하면 경쾌한 〈콰이강의 다리〉와 같은 행진곡이 울려 퍼졌다. 이윽고 전교생 조회가 운동장에서 월요일이면 한 번씩 있었다. 그뿐만이 아니다. 매일 수업 시작 전에는 담임선생님이 주재하는 조회가 있었다. 그리고 하루 모든 수업이 끝나면 청소를 한 후 반장이 담임선생님에게 가서 다 끝났다고 말씀드리면 마지막 종례를 마친 후 귀가할 수 있었다.

그런데 어느 날 종례가 늦어지고 귀가하지 못하는 경우가 있었다. 그것은 같은 반 학급 안에서 종종 금전이나 소지품 분실 사고가 발생할 때다. 이때 분실한 급우가 담임선생님에게 신고하면 종례 시간까지 자수하는 학생이 나오지 않는 한 같은 반 모든 친구가 집으로 못 가고 단체 기합을 받은 적이 있다. 즉, 한 사람의 잘못으로 단체 기합을 감수해야만 했다.

군대에서 병사 한 사람이 잘못했을 경우 단체 얼차려 받는 것은 비일비재했다. 잘못했기 때문에 당시 이런 벌은 응당 피해 갈 수 없는 흔한 일이었다.

그 당시 학창 시절 다른 반 학생들은 집으로 가는데 어쩌다 생긴 이런 일로 인해 집에 가지 못하고 책상 위에 무릎 꿇고 올라가 손들고 있거나 발바닥을 회초리로 맞기도 했다. 벌을 받기에 누구라도 못마땅하고 힘들어 속으로 투정을 부렸다. 이것이 당시 체벌이었다. 지금과 비교하면 상상도 할 수 없는 일이다.

  그러나 한편 철들어 돌이켜 생각해 보니 단지 선생님이 체벌이 좋아서가 아니라 그만큼 지식만 전달하는 학교가 아닌 바르게 자라도록 올바른 인성을 중시하는 훌륭한 교육을 받았다는 데 대해 오랜 세월이 흘러 그런 선생님, 그런 학교 교육이 있었음에 사랑스럽세 여겨진다.

  즉, 남의 것을 탐내지 말아야 한다는 개인적 윤리 의식, 그런 한 사람의 부정과 자백하지 않는 거짓은 모든 사람에게 피해를 준다는 공동체에 대한 존중, 그리고 죄를 지으면 이에 상응한 벌을 받게 된다는 책임 의식 등은 오늘날 교육이 감히 흉내도 낼 수 없었던 값진 교육의 유산이었다.

  그런 교육이었기에 적어도 그 당시 교육을 받은 분들은 학교를 통해 인성이 무언지를 배웠다. 사적 감정이 아닌 제자를 사랑하는 마음으로 체벌하는 그런 선생님을 고소가 아닌 존경하는 마음이 더했다. 비록 콩나물 교실이었고 교재 하나 변변치 못했고 최신식 교육 기자재를 제대로 갖추지 못했으나 배우고자 하는 열의는 뜨거웠다. 그 결과 열악한 시설 속에서도 대한민국의 저력은 꽃피우기 시작했고 드디어 한강의 기적을 이루었다.

  지금처럼 소수의 편향적인 자들이 만든 인권, 평등이라는 허울좋은 프레임으로 스승과 제자의 간극을 무너뜨려 버린 온갖 이름 모를 반성경적, 반윤리적 악법, 예컨대 오늘날 아동학대니 방임이니, 학생인권조례니 사학교육법 개정안 등이 오히려 교권을 침해하는 경향이 더 심각할 정도이며 예전의 교육을 흉내 내는 것조차 찾아볼 수 없다.

그 이유는 십수 년 전부터 '민주화 교육'이라는 미명하에 지나치게 부정적인 해석을 가한 나머지 편향적이고 급진적인 권력을 가진 자들에 의해 그런 교육을 송두리째 부정해 버렸기 때문이다.

그 결과 오늘날 교육 현장의 실상이 어떤가?

고소 고발만이 난무하고 있다. 한편으로 거슬러 올라가 보면 보전해도 좋은 우리의 주거 문화 중에 아궁이에 불 때던 구들장 놓인 안방에 윗목과 아랫목이 사라진 것과 무관하지 않다. 즉, 오늘날은 상하는 없고 좌우 첨예한 대립만 남은 혼돈의 시대다.

한국 근대화 교육의 효시는 누가 뭐라 해도 기독교 교육의 공헌이다. 유교 500년의 계급 제도와 신분 제도를 타파할 수 있었던 근거도, 무지와 문맹에서의 탈피도, 가난과 질병으로부터의 해방도, 이 땅의 진정한 건국 정신도 기독교와 교회를 빼고서는 그 역사를 제대로 기록하기 힘들다 해도 과언이 아니다.

그럼에도 불구하고 코로나 시대를 지내 오면서 미처 방어할 겨를도 없이 교회와 교육현장의 현실을 목도하노라면 몇 년 전부터 일부 급진적인 세력이 쥔 정권의 권모술수로 기존 전통적인 가치관마저 해체시켜 버린 상태다. 그 결과 임시 규칙과 온갖 악법들이 좋은 의미로 계승되고 보전된 단체 기합이 아닌 변질되고 고통을 주는 단체 기합으로 전락했다.

예컨대, 지난해까지 종속된 방역 지침(사회적 거리두기, 강제 마스크 착용, 백신 패스제 등)이 단적인 증거다. 나아가서 지금까지 종교와 예배의 자유를 제한했던 지난 정권은 철저히 교회 앞에 석고대죄하고 물질적, 정신적 손실책임까지 당시 명령 하달한 지도자가 져야 마땅하다고 본다.

왜냐하면, 외부에서 감염되어 온 코로나 확진자에게 확진되었다는 올가미를 씌워 이것을 전국에 이른바 '교회발'로 연일 발표한 나머지 교회끼리, 이 나라 국민과 교회 사이를 이간질하는 일에 국가가 앞장서서 저격수 역할을 했음을 똑똑히 알고 있기 때문이다. 국민을 안정시켜야 할 최고 책임자인 대통령, 국무총리가 한동안 선봉장 노릇을 해 왔고 여기에 질병관리청이 저격수 보급대 역할을 자처해 온 불행한 역사는 지워지지 않고 지울 수도 없을 것이다.

코로나에 감염되었다고 흉악한 죄가 될 수 있는가?
독감에 걸렸다고 죄인이 되는 건가?
한 교회로 인해 전국의 7만여 교회를 일제히 예배 금지 명령 내리는 게 형평성에 맞는 정부의 방역 정책이라 할 수 있었는가?

지난 2022년까지 약 3년 가까이 교회를 한때는 획일적으로 아예 강제 폐쇄시키거나 10퍼센트, 20퍼센트로 묶어 놓은 적도 있었다. 그리고 정부는 신학적 검증도 없는 신조어 이른바 대면 예배니 비대면 예배니 온라인 예배니 하는 용어를 만들어 대량생산해 냈다. 이런 용어 프레임에 영적 분별력을 잃은 교회는 그들 용어를 무분별하게 받아쓰기하는 일에 부끄러운 줄 몰랐다.

이에 당시 정부 권력은 교회를 향한 압박 수위를 더 높여 갔다. 그들은 행정 명령을 발동하여 마음대로 거의 매주 무단으로 동(면)사무소 말단 공무원 또는 경찰까지 예배 시간에 출근할 만큼 동원하여 감시하고 체크했었다.

더 비분강개하는 것은 일부 소수 교회를 제외하고는 모든 교단장의 공식적인 입장은 이런 정부 통제 방식에 교회가 정부 시책에 앞장서야 한다면서 동의하는 것 외에 속수무책이었다. 오히려 자신들이 못한 일을 불이익을 감수하고서라도 공정치 못한 방역 지침에 단호하게 저항하던 일부 교회를 향해 비난하는 일까지 서슴지 않았다.

교회끼리 서로 갈라치기하고 반목하는 해프닝이 연출되기까지 했다. 도리어 그들은 예배를 사수하려는 교회들에 대해 하나님 앞에 속죄하는 마음, 존중하는 마음을 갖는 게 양심적이었으나 그렇지 못했다.

주목할 것은 헌법에 명시된 종교의 자유, 예배의 자유가 방역법보다 우위에 있다는 사실이다. 그렇다면 교회가 이후라도 부끄러운 역사를 쓰지 않고 역사적 책임을 감당하기 위해서는 이 땅에 사는 복음에 생명을 건 그리스도인 모두가 통회 자복하며 진정한 교회의 하나 됨으로 연대 의식과 지혜를 모아야 할 때이다.

왜냐하면, 코로나 이전(B.C.)에 그나마 사회적 통념상 절대적 가치는 물론 보편적 가치가 지배적이었으나 지난 3년 코로나 이후(A.C.) 이러한 가치 기준이 무너지고 훼손되는 등 심각한 사회 변이를 경험하고 있기 때문이다.

이러한 위중한 때일수록 세상의 왜곡된 문화에 함몰되지 않은 양심적인 지식인, 깨어 있는 그리스도인들의 역할이 절실히 요청된다. 그런 이들이 우리 조국을 위해 이 시대적 사명을 다하는 데 혼신의 힘을 기울여야 할 것이다.

48

목사님 알아서 쓰세요

🍃 세상에서 잘나가던 직장을 버리고 목회하기 위해 목사가 되겠다는 마음을 가진 출발 자체가 귀하게 존중되고 인정받을 수 있기 위해서는 우선 그 동기와 가치 부여의 절차(process)가 소홀히 될 수 없을 것이다. 단순히 예수님 또는 기독교가 좋아서 목사가 다 될 수는 없는 노릇이다. 이는 마치 축구나 축구 스타를 좋아한다고 모두 축구선수가 되는 건 아닌 원리와 같다.

그럼에도 불구하고 더더욱 목사가 되려면 예수님보다 더 좋은 것이 없어야 하고 좋아하는 정도에서 끝나지 않고 좋지 않은 세상도 좋게 만들고 생명을 살리려는 주님의 마음과 이에 따른 세상적 지식과 영적 실력이 구비되어야만 하리라.

그러니 직업에서 프로가 되어야 하고, 동시에 값으로 계산될 수 없는 아마추어 정신을 가지지 않으면 지속할 수 없는 일이다. 왜 이런 아마추어와 프로 정신이 동시에 충족되어야 할까를 생각해 보았다.

아마추어(amateur)의 사전적인 뜻이 예술이나 스포츠, 기술 따위를 직업적이기보다는 단순히 좋아서 취미로 즐기는 사람이기 때문이다. 또한, 프로(professional)란 뜻이 어떤 일을 전문적으로 하거나 직업적으로 하는 사람을 말하기 때문이다.

솔직하게 말해 프로는 돈이 되어야 한다. 그래서 프로는 몸값이 매겨진다. 물론 그 방면에 전문가이고 세계적인 실력을 인정받는 선수나 전문가일수록 고액이다. 심하게 말해 돈으로 그 몸값이 달라진다.

그러면 목사라면 목회의 전문가가 되어야 하는 것 아닌가?

이 생각을 떨쳐 버릴 수가 없다. 가장 먼저는 위로부터 부으시는 신적 능력이 임해야 하는 것에서 시작하여 세상 친화적인 절제 능력을 위한 끊임없는 말씀과 기도, 내면 성품의 훈련 등은 특별한 것도 아닌 가장 기본이리라.

그러면서 성도들과 영적 교감이 이루어져 가고 성도들 자신이 스스로 변화되어 가는 모습을 고백하고 감사하며 생활의 변화도 일어나는 것을 듣고 보는 것처럼 보람된 일이 없다.

목회현장에서 만난 성도들 가운데는 수십 년을 그렇게 믿는다 하면서도 예배 하나 반듯하게 못 드리고 변죽만 울리는 이들이 적지 않다는 사실에 놀라게 된다. 믿음이 생명, 즉 내가 살고 죽는다는 프로 정신이 없기 때문일 것이다. 헌금 하나 제대로 하지 못하고 십일조 생활 한 번 못 하고 제대로 된 절기 헌금 한 번 못 하고 여전히 돈에 절절매고 살아가는 것을 보면 딱하기 그지없다. 돈이 없는 사람도 아닌데 말이다.

물 하나 사먹으려 해도 돈이다. 자연이 좋아 국립공원을 보고 싶어 입장하려 해도 꽤 값있는 입장권을 사야 한다.

내 차로 도로 주행을 하려면 통행세를 내야 하고 환경개선부담금이니 주유비니 보험금 등 몇 가지를 내야 하는지 모른다. 게다가 법규를 위반하는 날에는 몇만 원의 범칙금까지 부과된다.

내 얼굴에 바르는 화장품 하나 사려 해도 몇만 원에서 수십만 원어치 발라야 한다. 옷 하나 사 입으려 해도 마찬가지이다. 가족은 물론 사돈네 팔촌 결혼식 초상집 가려 해도 축의금, 부의금 없이 맨손으로 가지 않는다. 열차도 좀 더 빠르고 편안하게 가려면 무궁화나 새마을호보다 비싼 KTX를 이용하려다 보면 돈 십만 원은 기본이다. 남들 다 가는 휴가 한 번 가족이 가려 해도 몇 십 몇 백은 돈도 아니다.

그런데 놀라운 것은 생명을 주신 예수님 믿는다면서 이런 말에는 안색이 달라지니 기상천외할 일이다. 그러나 꼭 이런 사람만 있는 건 아니다.

최근에 나를 감동케 하는 성도가 찾아왔다. 지난 수요저녁예배 전에 있었던 일이다. 내가 알기로 이분은 믿은 지 그리 오래 되지 않은 분이다. 그런 그가 두툼한 봉투를 가방에서 꺼내면서 말했다.

"목사님, 이것 드립니다."

내가 말을 가로질러 이전에도 헌금을 무명으로 해 달라는 분이 있었기에 말했다.

"아! 무명으로 헌금하시려고요?"

그랬더니 이 성도는 대뜸 이렇게 말했다.

"이건 헌금 아닙니다. 목사님이 알아서 마음대로 쓰세요. 이번에 뭐 좀 팔아서 빚을 다 갚게 되었어요."

나는 다시 물었다.

"어떻게 이런 생각을 하시게 되었어요. 감동이 됩니다."

"목사님, 저는 이런 것은 기본이라고 생각합니다."

그 순간 이런 생각이 들었다.

'그렇지, 이런 것을 기본이라고 여기고 신앙생활하니 남이 수십 년 믿어도 못 하는 일을 이분은 하는 거로구나.'

이런저런 지난날 가정사에 관한 과정을 잠시 말씀하시는 동안 이분의 눈에 눈물이 고였다. 그동안 부채에 시달렸는데 이제는 다 갚게 되어 그런 돈을 가져와서 내게 쓰라는 것이다.
그러면서 덧붙여 말했다.
"목사님이 우리 교회 오신 이후 부채도 해결되었죠."
난 몸 둘 바를 몰랐다. 주님이 그렇게 이분에게 그런 감동을 주셨구나 생각하니 내 일 이상으로 기뻤다.

돈은 그 사람의 생명과도 같다. 마음의 표시이며 돈에 값을 매겨 자신의 마음을 표현하는 것이기에 물질이 있는 곳에는 마음이 담겨 있다. 존중하는 사람에게는 뇌물이 아닌 물질의 선물이 깃들여 있다.

더욱이 아무나 쉽게 건넬 정도의 용돈 같은 돈이 아니었다. 나를 후대하는 그 성도님의 마음은 나로 하여금 주님 때문에 받는 것이기에 사명감과 함께 목사로서 목회의 보람을 찾게 해 주었다는 점에서 고맙게 여겨졌다.

만약 이런 돈이 좋아 목회했다면 나는 속물 근성의 세상적 프로와 다를 바 없을 것이다. 그러나 나는 주님이 좋고 주님 영혼 살리는 목회가 좋은 아마추어 정신으로 성도가 잘되어서 이런 보람을 얻게 하는 사람을 계속 만나기 원하는 영적 프로가 되고 싶은 그 이상도 그 이하도 아니다.

나중에 보니 고액 지폐로 적잖은 돈이었다. 이분은 나와 금전적 이권 관계에 있는 성도가 아니다. 부자도 아니다. 많이 배우신 분도 아니다. 내가 특별히 잘해 드린 것도 없는 분이다. 다만 내가 보기에 예배 때마다 늘 주린 심정으로 말씀을 경청하는 분이고 무척 사모하는 분이어서 평소 주목하고 있었던 분이다.

사실 이번 맥추감사 때 우리 가족 각자가 힘대로 드렸더니 불과 몇 일 만에 정확하게 그 부분을 채워 주시는 하나님을 경험하게 하셨다. 더 감사한 것은 그 성도에게 그런 복된 일이 일어나게 하시는 하나님께 드린 축복의 예물이 되었다. 하나님께 드리는 축복을 나는 이런 데서 찾게 된다.

땅과 바다에 물이 있어야 하늘에서 비가 오는 것이다. 물질의 복도 마중물이 있어야 축복이 오는 법이다.

이처럼 흐뭇하고 복된 비슷한 일들을 목회해 오는 내 생활 속에서도 그리고 성도들을 보면서 한두 번 경험하는 것이 아니다.

그래서 나는 오늘도 이렇게 기도한다.

"주님, 제가 힘을 다하여 드림으로 성도들의 생활이 축복을 받는 역사가 계속되게 하옵소서!"

49

건축헌금으로 드린
각종 패물(佩物)

🍃 목회하면서 섬겼던 교회 중에는 유독 마음에 뿌듯하게 남아 있는 교회가 있다. 그중 한 곳이 영남권의 중소 교육도시 진주에 위치하고 있다.

진주 하면 으레 논개와 촉석루 그리고 진양호를 떠올린다. 이곳을 찾는 관광객들이 주로 방문하는 곳이기도 하다. 이와 함께 우리 공군의 주요기관인 교육사령부가 몇 년 전 들어선 혁신도시와 가까운 곳에 인접해 있다.

금산 속사리라는 행정구역에 속한 공군교육사령부 바로 옆에 위치한 성림교회가 그 교회다. 필자가 지금까지 목회하는 동안 개척교회 다음으로 가장 좋은 추억이 많은 곳이기도 한 이 교회에서 2005년부터 약 7년간 섬겼다.

그 당시 교회학교도 잘 운영되었고 청년회 활동도 견실했으며 장년도 30대 40대 50대 일꾼들이 골고루 잘 예비된 알찬 교회였다. 교회 전체 분위기가 생동감이 넘쳤다. 무엇보다 새벽기도는 물론 주일성수는 기본이고 여기에 임원들은 중보기도훈련학교, 제자 훈련을 받을 만큼 알짜배기 교인들이었다.

임원들 주업이 기본적으로 1,800평 이상의 대단위 고추 하우스 농가였다. 하지만 작황이 좋은 경우 도시의 어지간한 직장인보다 연수입이 나은 당시 고수입의 농가였다. 대신 숨 막힐 정도로 뜨거운 하우스 안에서 일을 한다는 것은 결코 쉬운 일은 아니었다. 그럼에도 불구하고 이들은 새벽기도를 놓치지 않은 분들이 많았다. 그리고 종일 일하고 오면 일주일에 한 번씩 제자 훈련을 받는 분들이었다.

힘들기도 했겠지만 그래도 따라와 주어 제자대학 수료식을 가운을 입고 거행하여 성취감을 맛보게 했다. 그뿐만 아니라 이들 중에는 16주 중보기도훈련학교까지도 수료하는 분들이 있었다.

이들 가운데 훌륭하게 헌신한 분들이 여러 가정 있었지만 특히 그 중에 한 가정을 소개하고자 한다.

당시 남매를 둔 부부는 남편은 권사이고 부인은 집사로서 교회 주반주자였다. 명절 때면 꼭 자녀를 내게 데리고 와서 안수기도를 받고 무슨 일이 있으면 늘 담임목사에게 기도 요청을 하는 부부였다.

어느 해 교회가 예배당을 건축해야겠기에 기획위원회와 이미 당회 등을 거쳐 건축의 필요성을 제시했다. 이에 대부분의 교인이 공감하는 상황이었다. 그리고 당연히 매일 건축을 위해 기도하되 특별 새벽기도 등을 선포하기도 하여 새벽기도 후 '여리고 작전'이라 하여 마을을 돌기도 했다.

담임목사의 이러한 절실함을 누구보다도 절실히 공감했는지 이 부부가 어느 날 사택으로 나를 찾았다. 그리고 여집사님이 가지고 온 무언가를 끄집어 내는데 빨갛고 예쁘게 생긴 네모난 상자였다.

결혼후 모은 각종 금패물

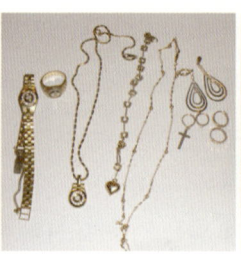
목걸이 시계, 반지 등

남매가 모은 동전

신축한 현재 성림교회

  열어 보니 금패물이었다(사진 1, 2). 거기에는 집사님 금목걸이를 비롯하여 팔찌, 금시계, 온갖 반지류, 귀걸이, 기타 다양한 패물이 있었다. 그동안 결혼 때부터 부부와 자녀들이 선물 받아 모아 둔 것들을 몽땅 가져왔다.

  "목사님, 건축을 위해 하나님께 바칩니다. 기도해 주세요."

  먼저 이들 부부가 이 패물을 마중물로 건축의 물꼬를 열게 됨으로써 앞선 자의 축복을 받은 것이다. 게다가 어린 아들딸이 그때까지 저금한 묵직한 동전 저금통까지 함께 가져왔다.

  이후 필자는 2012년 서울로 임지를 이동했지만 후임자에 의해 곧바로 그동안 숙원이던 교회가 신축하게 되었고 지금 그 자리에 그 근방에서는 눈에 띌 만큼 아름다운 예배당과 멋있는 사택이 잘 건축되어 있다.

49. 건축헌금으로 드린 각종 패물(佩物)

사택 모습

　누군가의 희생과 헌신이 필요로 할 때 이들 부부는 이와 같이 누구나 아까워할 모든 패물을 선뜻 드림으로써 건축의 불씨를 앞당겨 지핀 것이다. 지금 이들은 회사 중역으로 있는 장로와 권사로 충성스럽게 교회를 섬기고 있다. 남매도 아들은 교회에서 찬양 리더로, 딸은 장애인 복지기관에 취직한 믿음직한 청년들이 되었다. 오늘날 십자가 신앙이 희박해져 가는 때에 이 부부를 떠올리면 그들이 바친 금만큼이나 변치 않는 믿음이 얼마나 귀하고도 귀한지 모르겠다.

　주님은 우릴 위해 몸을 주셨건만 우리는 일생 살아가는 동안 물질 하나 제대로 드리는 것마저 쉽지 않다. 그런데 몸을 드리는 건 더더욱 지난사(至難事)다. 그럼에도 불구하고 우리 한국 교회는 이런 헌신적인 분들이 곳곳에 지금도 살아 있기에 개신교 역사 불과 약 140년도 채 안 된 오늘날 세계가 주목할 만한 위대한 부흥을 일구어 왔음을 우리 스스로 입에 침이 마르도록 칭찬해도 지나치지 않은 소중한 믿음의 자산이다.

　이런 충성스런 헌신의 릴레이는 어떤 이유로도 평가절하되어서는 안 되고 기념해야 할 자랑스런 유산이라고 본다.

50

길 없는 곳에 길 내는 자

🍃 지난 겨울 밤부터 눈이 내리더니 많은 눈이 이곳에 내렸다. 동심의 세계에서 눈은 마냥 즐거웠다. 그중 하나가 당시 내가 사는 시골 동네 뒷동산 나지막한 곳에 소복히 쌓인 눈을 미끄럼틀 내어 눈썰매장으로 변할 기대감 때문이었다.

눈이 많이 내리는 날에는 그곳에 어김없이 내 또래 내지는 위아래 아이들이 모두 모이는 놀이터다. 눈썰매를 가지고 온 아이들, 아니면 대나무로 만든 스키, 또는 당시 아주 인기 있는 비료 푸대를 가지고 그곳으로 모두 모여 그리 가파르지 않은 비탈길을 위에서부터 내리닫는 그 스릴감과 낭만은 일품이고 줄곧 타는 재미에 지칠 줄 모른다. 어릴 때의 눈에 대한 기대감과 눈을 있는 그대로 어린아이의 세계에 맞게 즐길 수 있는 그 신선한 발상이 크게 작용했기 때문이다.

그러다가 똑같은 눈임에도 불구하고 이런 낭만은 그다지 오래지 않아 점점 나이가 들고 점점 사라지더니 목회하면서는 심지어 근심거리가 되었다. 이는 그것을 바라보는 태도의 변이요 현실적 관점으로의 전환 때문이다.

오늘은 2월 1일, 한 달의 시작이고 첫 시간인 월삭 새벽기도회 날이다. 그렇지 않아도 나가지 않을 이유가 될 결정적인 두 가지 요인이 겹쳤다.

많은 눈이 내린 교회 앞 설경 　　　트랙터로 치운 눈길 진입로

하나는 대부분 교회가 속수무책으로 숙여 버린 코로나 핑계요, 다음으로 설 명절로 인해 사라져 가는 교회 관심 해제다. 게다가 폭설까지 겹쳤다. 그나마 특별히 일부 교회를 제외하고는 도시나 농촌교회 새벽기도회를 출석하는 연령층이 뻔하지 않던가. 예컨대, 낮으면 일부 50-60대, 아니면 대부분 70대 전후이다.

그런데 이마저 예전처럼 산 넘고 물 건너오는 시대는 지난 지 오래다. 요즘처럼 건강을 중시하는 시대에 이런 눈길에 더욱이 새벽에 다니는 건 스스로 마치 독이라고 여겨 몸보신하느라 집에 머무는 쪽을 선호한다.

오늘 새벽 우리 교회 2월 월삭 새벽기도회 날이다. 이를 이미 주보에 실었다. 그런데 어젯밤에도 눈이 많이 오더니 오늘 새벽 시간에도 계속 눈이 내려 많은 눈이 쌓여 거의 발이 묶였다. 평소보다 반으로 출석 인원이 줄었다. 오히려 대로변에 있는 교회라면 자동차가 다니는 곳이라 큰 문제가 없을 터이지만 우리 교회로 오는 지리

적 여건이 그리 녹록지 않아 이럴 때는 이것 역시 장애 요인이 없지 않다.

그래서 이렇게 눈이 많이 올 때면 늘 드는 생각이 있다. 시골 교회는 눈을 잘 치우는 일만 해도 지역 사회 섬기는 일이 되어 전도하는데 도움이 되겠다는 생각이다. 간단한 제설 장비는 갖추고 있겠으나 이처럼 많은 적설량으로 통행이 불편할 때에는 교회에서 교인 중 농가에 있는 트랙터에 부착한 제설 도구로 저녁이나 아침 출근 전 지역을 다니면서 길을 내는 일을 한다면 매우 호평받는 지역 봉사가 될 것이다.

이런 얘기를 오늘 월삭 때 잠깐 언급했는데 기도가 끝난 후 나가 보니 이른 아침 트랙터로 누군가 길을 내놓은 것을 보았다. 그러면서 또한 이런 말씀이 떠오른다.

> 보라 내가 새 일을 행하리니 이제 나타낼 것이라 너희가 그것을 알지 못하겠느냐 반드시 내가 광야에 길을 사막에 강을 내리니(사 43:19).

그렇다!

역사를 창조해 가는 사람은 징기스칸이 말한 것처럼 "성을 쌓는 자가 아니라 길을 내는 자"이다. 즉, 헛된 공명심으로 자기 아성(牙城)이나 쌓아 군림하거나 남이 내놓은 길 그저 무심코 따라가기보다 길이 없으면 길을 내느라 희생하는 자가 진정한 리더이다. 다시 말해 개척정신을 가진 자이고 선구자의 길을 가는 자이다.

이번처럼 눈이 오면 길을 내고자 하는 의식을 품고 행하는 자이다. 살아가는 동안 길을 만들겠다는 멘탈을 가진 성도, 그런 복음으로 무장한 인물을 지금처럼 어두운 시대일수록 교회가 역사의식을 가지고 길러내야 한다.

51

심방 때 봉투가 촌지(寸志)인가?

🍃 수년 전 서울 잠실에서 목회할 때 있었던 일이다.

어느 해 대심방 기간에 연세 드신 홀로 사시는 권사님 댁 심방을 마쳤는데 두 개의 봉투를 내민다. 그러면서 하나는 본인의 이름이 기록된 심방 감사 봉투이고, 또 다른 하나는 "목사님 도서비로 쓰세요"라고 한 흰 봉투였다. 그렇다고 모든 성도 가정이 다 그런 것은 아니다.

내 기억으로 그런 가정은 손에 꼽을 정도 극소수가 그런 마음을 가진 분들이다. 그렇다고 내가 심방하니 그리하라고 광고한 적도 없다. 따라서 이미 선한 마음에서 자발적으로 우러나왔거나 신앙생활 해 오면서 좋은 교육을 누군가로부터 받았기 때문일 거다. 한때 학교에서 부정적 측면에서의 부작용 때문에 거의 사라진 촌지(寸志)에 해당하는 것이지만 긍정적 의미로서의 촌지라는 말은 '자그마한 정성을 나타내기 위한 선물'이라는 좋은 뜻이 있다.

그럼에도 불구하고 이처럼 성도들 가정을 심방할 때 받은 이런 심방 감사헌금 외에 또 다른 봉투로 내가 필요한 데 사용하라고 주는 그분들의 물질을 그대로 마음으로만 고마움으로 받고 다음 주 예배 때 제공한 분들의 이름으로 합하여 심방 감사헌금으로 드리곤 했다.

이유는 두 가지였다. 그 물질이 성도 가정의 공적 심방에서 받은 것이기에 하나님께 드리는 게 마음이 평안했기 때문이요, 다른 하나는 교회 재정에 최대한 플러스 요인이 되기를 바라는 마음에서였다. 액수가 많든 적든 지금까지 마음에 다짐한 룰을 깨트리지 않고 그렇게 목회를 해 오고 있다.

그러자 아예 어떤 분은 목회자 가운을 맞추라고 하기도 하고 목회자 셔츠를 해당 성의사에 직접 의뢰하여 맞춰 보내는 감동을 주는 고마운 분들이 있다. 이에 나는 매주 예배 때나 교회 외부 행사 때는 절기마다 색깔별로 구분된 목회자 셔츠를 즐겨 입는다. 왜냐하면, 성도의 사랑을 받은 성의이기 때문이다.

넥타이를 맬 수도 있지만 성도들이 선물해 준 넥타이가 아닌 경우는 거의 매지 않는다. 이에 내 손으로 산 와이셔츠나 넥타이보다는 목회자 셔츠를 애용하는 이유가 여기에 있다. 내 몸만 빼고 내 몸에 걸치는 대부분이 문득 들여다보면 성도의 사랑을 받은 것 아닌 것이 없을 정도로 수십 년을 살아오고 있다.

이번에도 춘계 대심방 중에 몇몇 가정에서 두 개의 봉투를 예배상에 내놓는 분들이 있었다. 심방 헌금보다는 내게 주는 액수가 더 많은 경우가 있고 같은 경우도 있다. 그런 것에 상관없이 다음 주 예배때 역시 모두 심방한 그분들의 이름으로 둘 다 심방 감사헌금으로 드렸다.

더욱이 감사한 것은 지난 2주간에 걸쳐 가까운 교회 인근 주변에서부터 심지어 승용차로 3시간 반 거리에 거주하는 권사님(매주 예배 드리러 오는 모습 보기만 해도 은혜가 되는) 가정까지 감동적인 특별한 심방을 마쳤다. 이번 주 1시간 남짓한 거리에 있는 성도 가정까지 심방하면 거의 마치게 되는 셈이다.

심방은 성도들과의 친밀한 영적 터치라는 점에서 중요하다. 지난 2년간 코로나 때에도 나는 성도들 가정을 어김없이 기본적인 수칙을 고려하면서 심방했다. 지나치게 사회적 거리라고 하는 이 용어

51. 심방 때 봉투가 촌지(寸志)인가? 201

자체를 목회에 적용하고 싶지 않았고 동의할 수 없었기에 조금도 영향받지 않았다.

나는 심방에 세 가지 의미를 두고 있다.

첫째, 심방은 무엇보다 주님 방문이라는 의미를 갖는다.

주님이 내 집에 찾아오시는 것보다 더 귀한 축복과 영광스런 일이 어디 있으랴!

그런 가정의 경우 심방 받는 집안 분위기나 태도부터 다른 점을 보게 된다.

둘째, 심방은 또한 말씀과의 접촉이다.

백부장처럼 주님이 말씀으로만 해 주셔도 하인이 낫겠다고 하는 그런 절실한 믿음을 보이는 태도가 대단히 중요하다.

셋째, 심방은 목회자와의 영적 접촉이다.

성도의 신앙생활은 목회자가 전한 하나님 말씀에 순종하고 신뢰할 때 친밀한 영적 교통이 일어남으로써 가치관의 이동과 성경적 자아상이 확립되는 놀라운 변화를 경험할 수 있다. 이런 사람들이 세상을 변화시키는 대열에 참여하게 된다.

이에 나는 목사로서 한 가지 바라는 소원이 있다. 그것은 나를 만난 성도 중에 자기 정체성을 발견하고 사명을 발견한 성도, 그리고 동시대를 살아가는 동안 반성경적이고 어둡고 혼란한 역사를 보고서 방관과 불구경하는 자들이 아닌 복음의 능력으로 무장된 성도들을 만나 한국 교회와 나라와 민족에 선한 영향력을 미칠 그런 교회가 되기 위해 행동하는 신앙의 양심으로 살기 원하는 바다.

52

모르는 게 약이 아니다(?)

🌿 우리가 흔히 쓰는 말 중에 "아는 게 병이고 모르는 게 약이다"라는 말이 있다. 물론 이 말은 모든 상황에서 누구에게나 통하는 보편적 진리일 수는 없을 것이다. 다만 어느 특정한 상황에 따라 도움이 될 수도 있다는 의미이다.

예컨대, 마음이 너무 여린 사람이 자기 몸에 어떤 병이 무언지 모를 때는 쾌활하게 잘 지내다 병을 알게 된 후 급격히 불안, 초조와 함께 심한 우울증으로 실의에 빠져 산다고 하면 이럴 때는 모르고 지나가는 것이 나을 수 있음을 두고 하는 말이다.

그런데 이와는 달리 영국의 유명한 경험주의 철학자 프란시스 베이컨(1561~1626)은 "아는 것이 힘이다"라는 말을 남겼다.

usb 마이크로 5핀(흰색)과 미니 5핀(회색) 케이블

이 말 역시도 '식자우환'(識字憂患)이란 말이 있듯이 반드시 그렇지만도 않다. 다시 말해 안다고 모두가 힘이 있는 것만은 아니리라. 하지만 대체로 "알아야 면장을 한다." 더욱이 오늘날과 같은 경쟁 구도 사회에서는 모르면 무시당할 수도 있고 도태되기 십상이다. 그러다보니 알아야 출세 길도 상대적으로 나을 것이라는 점에서는 누구도 부인하기 힘들다.

최근 인터넷 쇼핑몰에서 컴퓨터 부품을 구입하려 그 부품명을 제대로 설명하지 못해 이른바 무안을 당한 적이 있다. 그것은 위 사진에 제시한 제품 때문이다.

오래전에 구입해 놓았던 대용량의 외장하드에 컴퓨터에 있는 자료를 백업하려고 하다 보니 나중에 알게 된 'usb 미니 5핀'(회색)이란 용어를 몰라 판매자에게 다음과 같이 그림 언어로 설명을 할 수밖에 없었다.

"스마트폰 충전할 때 쓰는 5핀으로 된 것보다 더 상하 구멍이 약간 더 넓은 것을 구입하려는데 어떤 것을 구입해야 하나요?"

전화 받은 판매자는 무슨 이야기인 줄 모르겠다는 것이다. 그래서 이어서 내 딴에는 좀 더 근접하게 덧붙여서 다르게 설명했지만 오히려 그는 대화가 안 통한다며 무안을 주고 도발적(?)인 말을 서슴지 않았다. 그러다 디지털 카메라 충전할 때도 쓰는 그와 같은 5핀으로 된 것이라고 했더니 그것이 '미니 5핀'이란다. 아울러 최신 기종 스마트폰 충전 시 사용하는 젠더를 '마이크로 5핀'이라고 부른다는 것이다. 이 부품용어 하나 모른다고 얼굴도 모르는 판매자에게 무시를 당했다.

모르는 게 결코 약이 아니었다. 모르는 게 수치였다. 물론 이런 말은 상황과 처지가 다를 때 쓰이는 말이기는 하지만 이번과 같은 낭패를 당하지 않기 위해서라도 필수품에 대해서는 기초적인 사전 학습이 좀 필요한 것 같다.

　사실 저런 컴퓨터 부품의 전문용어의 경우 영어를 모르고 옛날 연세 드신 분들은 도무지 알 길이 없다. 설사 영어를 안다고 해도 우리 생활에 밀접한 건축용어나 늘 이용하는 자동차 부품용어가 그러하듯이 특별히 관심을 두지 않으면 모르는 용어가 적지 않다. 'usb 미니 5핀 케이블'이란 용어 속에 숫자 5만 빼고 마이크로, 미니 usb, 핀, 케이블 모두가 영어이긴 하지만 쉬운 영어임에도 불구하고 그 해당 용어 자체를 몰라서 그랬던 것이다.

　이제 현대인들에게 최근에는 이런 컴퓨터 부품용어쯤은 상식에 속한다. 옛날 일반상식 시험을 치를 때와는 격세지감을 현저히 느낄 만큼 다른 시대이다.

　이런 일이 있고서 곰곰이 생각해 보니 그 사람이야 먹고사는 직업인지라 그걸 좀 안다고 답변하는 태도가 당돌하고 괘씸했지만 사실 천국과 지옥이 무언지도 모른 사람이었다면 그 역시도 내가 어떤 말로 설명해도 모를 것이다. 그런 그에게 나는 그런 방자한 태도와는 달리 적어도 천국을 모르는 사람이 어떻게 해야 천국에 가는지 물었을 경우에 아마도 아주 자세하고도 상냥하게 가르쳐 주었을 텐데 하는 생각을 하게 되었다.

53

벌의 틈새 죄의 틈새

🍃 이 땅에 존재하는 모든 생명체는 물론이고 물체까지 그 각각 모두는 제자리에 있을 때 안전하고 아름답다.

영국의 경험주의 철학자였던 프란시스 베이컨(1561~1626)은 인간을 세 종류의 사람으로 분류하였다. 남을 해치는 거미 같은 사람, 자기만 위해 사는 개미 같은 사람, 그리고 남에게 유익을 주는 꿀벌 같은 사람을 일컫는다.

하지만 이들이 모두 필요한 제자리에 있을 때만큼은 생태계에 유익하게 존재하도록 만들어진 생명체일 것이다. 문제는 제자리를 이탈하거나 그들의 주거지도 아닐 뿐만 아니라 하등의 도움이 되지 않는 사람 사는 곳에 침입할 때는 이 세 가지 모두가 해를 가져다주는 것 또한 사실이다.

예컨대, 물고기는 물속에서 살아야 가장 안전하고 자유롭게 살 수 있다. 땅도 공중도 아니다. 앞에 언급한 세 가지는 집 밖에서 살아야 역시 안전하고 사람에게 해를 주지 않는다. 새들은 공중을 날며 다녀야 퇴화되지 않고 먹이도 구하고 제 수명을 살 수 있다. 물도 아니고 땅도 아니다.

그런데 문제는 밖에 살아야 할 개미가 방안에 들어오다 보면 독이 있는 것들 중에는 사람을 물어 해를 주기도 한다. 벌도 그렇다. 꿀을 만들어 주고 꽃을 피워 열매 맺게 하는 고마운 꿀벌일지라도 밖에 날아다닐 때 그런 유익을 준다. 그러나 허락하지도 않는 집안에 들어와 누구라도 그것들에 쏘이면 사람에게 크고 작은 해를 입히는 해충이 된다.

몇 년 전 사택에 땅벌이 어디서 들어왔는지 매일 서너 마리씩 으레 발견되었다. 게다가 며칠 전에는 아내가 그 벌에 팔뚝을 쏘이기까지 하였다. 방안에 들어올 만한 틈새를 밀봉했는데도 소용이 없었다. 더군다나 어린 늦둥이가 있으니 더욱 긴장이 되었다.

뒤늦게 안 사실은 119 소방서에 연락하면 벌집을 제거해 준다는 소식을 알게 되었다. 연락 후 10분쯤 되어 화재가 날 때만 출동한 줄 알고 있던 큰 소방차가 교회 앞에 도착했다.

벌집을 제거하는 119 소방대원

이 소방대원들에게 연락하기 전 사전에 집 밖에 벌들이 들어갈 구멍을 예측 조사하던 중 환기통이 나와 있는 틈과 지붕 이음새 부분 등의 틈새로 그 땅벌들이 들고 나는 것을 찾아냈다. 소방대원들은 이곳에 집중적으로 살충제를 투여하였다. 이어서 방안으로 다시 들어와 동일한 방법으로 분사하였다.

이렇게 하고서 얼마 지난 후 천장에 달린 LED 전등 소켓을 빼내었더니 세상에나 시꺼멓게 수십 마리의 죽은 벌들이 천장에서 우르르 떨어지는 것이 아니겠는가!

아마도 밖에서 들어온 벌들이 천장 속에 벌집을 지었는가 보다.

지난 몇 달 전에는 지붕을 씌운 예배당 옥상 틈새로 참새들이 집을 지어 제거한 적이 있는데 이번에는 사택의 틈새로 침입한 벌들과 전쟁을 치러야 했다. 문제는 이번에도 틈새가 문제였다.

소방대원들이 이렇게 하고 난 후 지금에 와서 그 벌들이 사라졌다. 참 고마운 분들이다. 이분들의 도움이 아니었다면 어린아이를 둔 부모 입장에서 아내는 지금도 불안에 떨었을 것이다. 그들은 국민의 재산과 생명을 보호해 주고 지키기 위해 현장에서 생생하게 몸으로 뛰는 산 증인들이다. 이에 "약은 약사에게 진료는 의사에게"라는 말에다 "벌집은 소방관에게"라는 말을 새롭게 덧붙이고 싶었다.

한편, '틈새 전략'은 더 이상 사람들에게만 쓰이는 용어가 아니었다. 참새들에게 굳이 붙인다면 새끼 번식을 위한 '틈새 생존 전략' 벌들에게도 '틈새 종족 번식 전략'이라고나 해야 할까. 그러나 무엇보다도 죄는 틈을 주는 그 순간에서부터 오지 않던가.

그래서 성경에서 이렇게 말씀하셨나 보다.

마귀에게 틈을 주지 말라(엡 4:27).

성경의 경고를 귀 기울여 들을 필요가 있음을 본다.

이처럼 틈새가 많은 허술한 집은 해충들의 출입구를 제공하는 것처럼 허술한 믿음, 허술한 삶은 그 원인을 냉정하게 진단해 보면 이런 틈새가 많다는 사실이다.

그렇다면 이런 부실하고 허술한 믿음과 삶을 어떻게 해야 하는가?

아무리 힘이 들고 비용이 들어도 믿음의 새로운 집을 짓는 마음으로 새롭게 출발하든지, 아니라면 원인을 찾아내 전면 보수하든지 해야 하는 것 아닐까?

54

믿음을 팔지 마세요

🍃 목회하면서 교회에서 드물지 않게 만나는 가장 안타까운 부류 중의 한 사람은 믿음을 팔아 돈을 사는 사람들이라 할 수 있다. '팔았다'라는 표현은 돈을 얻으려고 믿음을 내놓았다고 여겨지기 때문이다.

우리나라가 살기 어렵고 가난하던 때 내가 자라던 어린 시절 어렴풋이 기억나는 할아버지의 삶의 방식은 이랬다.

5일장이 서는 날 집에서 짚으로 짠 가마니에 그동안 길러온 소, 닭 등을 가지고 자가용은커녕 버스도 아닌 도보로 산을 넘어 수십리 길을 다녀오신다. 그것을 팔아 다른 필요한 생활용품 내지는 현금으로 바꾸어 오셨다. 손자손녀들을 비롯 가족들이 먹고 살아갈 것들을 사 오시기 위함이고 돈을 마련하기 위함이었다. 다시 말해 소유를 팔아 또 다른 물품과 돈을 산 것이다.

그러나 지금은 물물교환 시대가 아니다. 돈만 있으면 무엇이든 살 수 있는 시대이다. 돈의 효용가치는 실로 광범위하다. 돈이면 수고하고 연구하고 오랜 시간을 들여 내놓은 고가의 상품일지라도 유익하다면 얼마든지 살 수 있다. 그러니 돈 가진 자들이 큰 목소릴 낼만도 하다. 또한, 그런 나라가 이 세계 시장을 석권하는 것처럼 보인다.

돈이면 세계적인 두뇌도 살 수 있다. 직업이 다양하지만 그 방면에 돈 많이 버는 직업이라면 으뜸이라 해도 과언이 아닌 세상이다.

그래서일까?

때로는 들통나더라도 돈으로 권력을 사기도 한다. 양심을 팔아 돈을 벌려는 자들도 적지 않다. 그런 예는 역사가 증거해 주고 있다.

예컨대, 영국은 18세기 한때 돈으로 노예를 사고팔아 국가 소득을 올리기도 했던 오명을 갖고 있다. 하지만 "영국의 양심"이라 불리운 참그리스도인 윌버포스(1759~1833)에 의해 1807년 의회에서 노예상 폐지가 통과된지 불과 200여 년 남짓밖에 안 된다.

한편, 요셉의 형들은 요셉을 은 20에 길 가던 미디안인 이스마엘 상인들에게 팔았던 것을 보면 고대 사회에 이미 노예를 사고팔았다는 것을 알 수 있다(창 37:28).

가룟 유다는 자신을 제자로 뽑으신 예수님을 은 30에 당시 종교지도자들인 대제사장들과 장로들에게 팔아 넘겼다. 즉, 유다는 자기의 양심을 팔았고, 예수님을 팔았으며, 믿음을 팔았고, 제자직까지 모두 팔아 버린 셈이다. 그리고 결국에는 후회하고 스스로의 자괴감을 이기지 못하고 목숨을 끊고 말았다(마 27:3-5).

조선 시대 소설로 알려진 『심청전』에서 생후 7일 만에 어머니를 여윈 심청이가 어느 날 밤늦게까지 집에 돌아오지 않자 딸을 찾으러 나선 맹인인 아버지 심학규는 물에 빠지게 된다. 이때 구해 준 화주승은 공양미 300석을 시주하면 심청이 아버지의 눈이 떠지게 된다고 제안한다. 그런 이 말에 솔깃하여 그만 감당 못할 약속을 하게 되고 결국 그 몫은 고스란히 심청이에게 돌아온다. 이로써 그녀는 아버지의 눈을 뜨게 하는 시주 값으로 공양미 300석에 팔리게 된다는 이야기이다.

효 사상을 설화로 만든 것이지만 왠지 개운치 않는 여운으로 남는다. 300석을 시주해야 눈을 뜨게 된다는 약속을 한 심 봉사와 지극한 효심을 지닌 심청이를 나무랄 수는 없다. 그러나 300석을 내면 눈이 떠질 수 있다는 화주승의 말은 자비의 종교라고 하기에는 두고두고 생각해도 동의하기 힘든 애초부터 대상을 잘못 설정한 고약스럽고 무자비한 계약이다.

300석이 아니라 몸을 팔지 않아도 예수님은 그런 무자비한 조건 없이 맹인의 눈을 뜨게 하셨다. 오히려 정작 우리가 팔아서 사야 할 것이 있다면 그 이상의 가치이다.

성경에는 돈 많은 청년이 예수님께 나와 영생에 관한 질문을 하는 대화가 나온다. 이 청년은 예수님이 말씀하신 5~10계명에 기록된 모든 약속은 다 지켰다고 확신에 넘쳐 말했다. 나아가 더 무엇이 부족한지도 되묻는다. 그러자 예수님은 말씀하신다.

> 네 소유를 팔아 가난한 자들에게 나누어 주라 … 그리고 나를 따르라 (마 19:21).

이 말씀을 듣고 난 그 청년은 근심하여 돌아감으로써 더 이상 예수님을 따르지 않았다. 소유한 돈을 아무리 예수님의 말씀일지라도 내놓고 싶지 않았다. 이 청년은 소유를 팔아 제자직 사는 것을 거부하였다. 즉, 소유를 팔아 믿음을 사지 못했고 예수님의 마음을 사는 데 실패했다.

에서는 팥죽 한 그릇에 장자권을 팔아 버려 버림받은 인생이 되고 말았다. 그 결과 그의 후손인 아말렉 등과 같이 이스라엘의 대적자로 남고 말았다. 이처럼 눈앞에 보인 잠시 유익 때문에 영원한 가치를 상실한 멘탈로 사는 인생은 에서의 후손이 보여 주는 삶처럼 사는 것을 치욕스럽게 여기지 않을 뿐 아니라 삶의 종국이 단말마적 고통으로 끝난다는 사실을 망각하게 된 결과를 보여 준다.

그렇기 때문에 그 돈의 값이 얼마일지라도 믿음은 사야 될 최고의 보화이지 돈 때문에 믿음을 팔 일은 더욱 아니다. 인간의 가치를 수

(數)나 양(量)으로 평가하는 것은 인간을 목적이 아닌 수단으로 여기는 유물론적 사고에 지나지 않는다.

 이 점에서 진정한 그리스도인으로 살아간다는 것은 돈이면 믿음도 팔 수 있다거나 나만의 비밀이 너무 많아 얽히고 설킨 삶을 살기보다 해답의 비밀이신 예수 그리스도 한 분을 붙잡는 것이다.

 또한, 복잡하게 경우의 수를 두기보다 삶을 될 수 있는 한 단순화 시키는 것이다. 돈이면 다 살 수 있다는 유혹에 속아 예수 팔고 믿음 팔면 머지않아 그 샀던 것 마저 다 잃은 날이 쉬이 오고야 말기 때문이다. 이런 일이 정작 예수님 이름을 들먹이는 교회 안에서 늘 보던 사람들 가운데 일어나고 있으니 우려스럽기에 하는 말이다.

> 예수 팔아 살지 말고 나를 팔아 예수 사자. 그런데 지금 예수 팔아 먹고 산다.

 김근상 전 대한성공회 대주교의 진솔한 고백이다.

55

동요 속에 민족의 얼이 있다

🍃 60~70년대 초등학교(당시 국민학교) 다닐 때 음악 시간이 있었다. 음악책도 물론 있었다. 그 책 안에는 비록 오랜 세월이 흘렀지만 지금도 부르면 웬만큼 거의 따라 부를 수 있는 기억에 생생한 동심과 아름다운 자연을 반영한 동요들이 수록되었다.

그런데 안타깝게도 오늘날 교육현장에는 그런 동요가 언제부터인가 사라진 지 오래다. 공교육현장에서 가르치지도 않기 때문이다. 따라서 동요를 부르는 우리 어린이들을 찾아볼 수 없다. 동요는 동심의 마음을 갖게 한다. 동화는 동심을 가진 어린이라면 창작할 수 있고 동심을 가진 어른이라도 가능하다.

큰아들이 초등학교 1, 2학년 때의 일이다. 학교 갔다 집에 오면 으레 즉석 창작동요 한두 편을 내 앞에서 구연(口演)하도록 했다. 당시 아들은 책을 많이 읽은 편이었다. 그래서인지 그 아들이 지체없이 그 자리에서 2-4분 내외의 동화를 너끈히 해냈다. 그런 구연동화 여러 편이 지금도 인터넷에 실려 있다(다음 검색창에 '민모세 창작동화'를 치면 가능).

하지만 그런 정서와 시대성과 동심이 담긴 동시나 그런 동시를 작곡한 동요를 갈수록 접하기 힘든 시대이다.

모름지기 한국 교회 음악의 아버지라고 불리울 만큼 교계와 60~70년대 음악책에 다수 수록된 동요를 작곡하신 고 박재훈 목사님은 우리가 사용하는 찬송가 중에 그 목사님이 작곡하신 찬송들이 우리나라 사람의 심성을 살린 친근한 가락임을 볼 때 음악적 신토불이를 얼마나 정확히 꿰뚫었는가를 부르는 중에 느낄 수 있다.

예컨대, 다음과 같은 곡이 있다.

- 〈지금까지 지내온 것 주의 크신 은혜라〉(301장)
- 〈말씀으로 이 세상을〉(319장)
- 〈눈을 들어 하늘보라 어지러운 세상 중에〉(515장)
- 〈어서 돌아오오〉(527장)
- 〈언제나 바라봐도 늘 보고 싶은 분〉(578장)
- 〈산마다 불이 탄다 고운 단풍에〉(592장)

다 마음에 매우 정겹고 친하게 와닿는 은혜로운 찬양곡이다.

나아가서 그 목사님이 작곡하신 동요는 더더욱 언제 불러도 어릴 적 동심을 자아내게 해 준다. 그렇게 부를 수 있도록 만드신 음악적 재능은 하나님이 주신 영감으로 당시 어린이들의 마음에 심어 주었기 때문이리라 본다. 한때 부르다 소멸되어 버린 일반 가요가 아닌 두고두고 불러도 새롭고 생동감을 주며 마음을 새롭게 정화해 주기에 잊혀지지 않고 남아 있는 동요들이다. 그런 동요 대부분이 그 목사님의 작품들이다.

- 〈높고 높은 하늘이라 말들 하지만〉(어머님의 은혜)
- 〈흰구름 뭉게뭉게 피는 하늘에〉(여름성경학교 교가)
- 〈산골짝의 다람쥐 아기 다람쥐〉
- 〈송이송이 눈꽃송이 하얀꽃송이〉
- 〈시냇물은 졸졸졸졸 고기들은 왔다갔다〉

- 〈펄-펄 눈이 옵니다 하늘에서 눈이 옵니다〉
- 〈엄마 엄마 이리와 요것 보셔요〉

　이 가운데 여름성경학교 교가를 비롯한 이와 같은 동요들은 천년이 가도 보존되고 불리어야 할 국보급 동요라 격찬하지 않을 수 없다. 그것은 동요 속에 배어 있는, 값으로 계산할 수 없는 그 순수함과 정신적 유산과 가치의 소중함 때문이다.
　하지만 유감스럽게도 기성 세대들에 의해 그런 동심이 피어나지도 못한 채 이념화되고 편향된 시대사조의 학습화로 역기능이 우려된다. 이른바 오늘날 다양한 가치 존중이란 부정적인 측면의 절대가치 부정, 탈종교화, 이념과 정쟁으로 얼룩진 정통성의 붕괴를 우려하지 않을 수 없다.
　하지만 이처럼 인성이 사나와지고 기존 질서를 해체하려는 새로운 사조들은 한때 머물다 사라질 유행과 풍조에 지나지 않으리라 본다. 이럴 때 고 박재훈 목사님을 비롯한 이 땅의 교육을 나라 사랑으로 엮어 남기신 분들의 주옥같은 동요들의 가치를 다시 찾아내야 한다.
　그리고 동심의 유치원에서, 초등학교에서 케이팝(K-pop)의 현란한 몸짓을 따라 부르기 전에 앞서 정규과목에서 선생님과 어린이들이 함께 파란 마음 하얀 마음을 담아 불리기를 소망한다. 민족의 얼이 이 동요 속에 있다고 해도 과언이 아니다.

56

당신은 맹꽁이야!

🍃 어느 날 동문이신 대선배 목사님의 초청으로 또 다른 몇몇 선배 목사님들과 함께 뜻깊은 하루를 보내는 시간이 있었다. 서로 만나 이런저런 이야기를 하다가 은퇴 이후 노년에 관한 화두로 옮겨졌다. 함께 자리한 선배님들 대부분이 은퇴하신 분들이었는데 대화를 하는 가운데 바로 은퇴 이후 생활비에 관한 이야기를 잠시 나누게 되었다.

그 가운데 어느 선배 목사님 내외분은 모두 교직에 계시다 은퇴한 이후 두 분이 교직 연금으로 수령하는 액수가 한 분이 현직에 있을 때 받는 것보다 훨씬 상회하는 고액 연금을 매달 수령하고 있다는 이야기를 들었다. 또한, 어느 은퇴하신 분에게서는 사모님이 규모 있는 요양원 원장으로 있어서 받는 월급과 함께 목사님이 퇴직 이후 받는 이런저런 수령액을 합치니 꽤 넉넉한 생활비로 살아가고 있다는 등의 이야기를 듣게 되었다.

듣고 보니 나에게는 여전히 그런 이야기와는 거리가 먼 이야기였다. 그 이유는 현실적으로 내 경우는 그런 고액의 액수를 매달 수령할 수 있는 보장이 되어 있지 않음은 물론, 현재 제도권 목회에서 보장하는 그리 길지 않은 남은 기간에 은퇴 후 교회가 놀라운 은혜로 제공하는 주택이 아니라면 노후 생활 보장을 준비한다고 해도 도시 아파트는 고사하고 시골집 하나도 마련하기 힘든 상황이기 때문이다.

단 하나 생뚱맞은 방법을 가정해 본다면 교회에서 받는 사례비에서 우리 가족이 지금까지 매주 적지 않게 하나님께 드려 오던 헌금의 액수, 예컨대, 십일조만 드리고 기타 모든 헌금은 최소로 줄이는 것인데 어쩌면 인간적으로 계산할 때 은퇴할 쯤 나름대로 먹고 살 수 있는 저축은 할 수 있을 법도 하다.

그럼에도 불구하고 내 삶은 다운사이징 될지라도 나의 공급자이신 하나님께 드리는 헌금을 장래가 불안하다고 줄이고 싶은 마음은 없으니 고려 대상이 아니다.

그러다 보니 지난 26년간 목회하면서 내 스스로도 믿어지지 않을 만큼 나 자신을 위해 저축을 해 본 경험이 없다. 그렇다고 저축할 돈이 없어서라기보다 그 달 안에 주님의 몸된 교회를 위해 묵묵히 따르는 아내와 함께 불평 없이 전적으로 드리는 일을 기쁨으로 여기며 살아왔던 지난날의 삶이었던 것을 지금까지 후회해 본 적이 없다. 나는 하늘나라의 소비자로 산다는 의식을 가지고 있다.

이런 나의 사정을 아시고 가깝게 지내는 모 대학 총장을 세 번이나 역임하신 존경하는 선배 목사님이 계신다. 평소 나를 지극히 아끼고 내 진정성을 어느 면에서 이해하시기에 다음과 같은 사랑의 우려로 몇 마디 충고하시는 것을 듣는다.

"당신은 맹꽁이 같다."

"혼자만 생각하지 말라. 아내와 어린 자녀들이 딸렸다. 그들은 어떡하려고 그러나?"

그러면서도 그 총장님은 한편으로 "당신은 바탕이 좋고 기본이 되어 있어"라고 덕담도 주시며 현직에서 은퇴하셨기에 내가 살고 있는 곳에 가까이 와서 살고 싶다며 예전부터 저렴하게 구입할 수 있는 빈집 있으면 소개해 달라고 부탁할 정도로 친근한 분이다.

그런데 이 분만의 염려가 아니다. 이런 사정을 좀 아는 동기 목사님도, 심지어 우리 부모님까지도 …. 내가 만나는 사람 열이면 열 모두에게서 듣는 한결같은 공통분모의 이야기임을 잘 안다.

그럼에도 불구하고 내가 목사로서 가장 자랑스럽게 여기는 것은 내 자신의 미래에 대한 염려만큼은 지금까지 그다지 골몰하게 염려해 본 적이 없다. 계산해 본 적도 없다. 그러니까 남을 비하하고 못난 자를 일컬어 지칭할 때 쓰는 대명사로서 맹꽁이라는 말을 듣는 게 당연해 보인다. 나아가 어찌 보면 대책 없고 한심할 따름이다.

그래도 나는 이런 말에 화가 나지 않는 것 보면 신기할 정도다. 왜냐하면, 평소 의로운 분노를 가진 내가 이런 소리에는 끄떡하지 않기 때문이다.

나는 어느 잘 알려진 목사님이 한 말, "하나님은 교회에 관심을 두시는 게 아니라 사람에게 관심을 두신다"라는 말에 동의하면서도 동시에 교회도 못지않게 중요하다는 입장을 견지하고 있다. 왜냐하면, 교회를 사랑하고 관심을 가지지 않는 사람이 건강하고 좋은 교인이 될 수 없기 때문이다.

다른 직업은 몰라도 목회자는 적어도 하나님을 전심으로 의뢰하고 하나님께 모든 소망을 두고 살아야 한다고 하는 데 있어서만큼은 최고의 전문가가 되어야 한다는 것이 평소의 입장이다. 이에 대한 근거를 주님이 염려에 대한 하신 말씀이다.

　　공중의 새를 보라(마 6:26).

　　들의 백합화가 어떻게 자라는가 생각하여 보라(마 6:28).

하나님의 전적 주도권을 인정하고 살아야 한다는 명령임을 알 수 있다.

따라서 앞으로 은퇴 이후 어떤 삶이 내게 주어질지라도 지금 내가 하나님을 그렇게 신뢰하는 까닭에 내 전부를 드리며 의심하고 불평하고 원망하고 살지 않으리라고 이미 작정하고 있다.

아울러 결코 인간 편에서야 맹꽁이 같은 삶이었을지라도 가진 돈으로 추해지는 편보다 비교할 수 없을 만큼 낫고 더더욱 영원한 영적 세계에 헛되지 않을 것이라는 하늘의 소망을 굳게 붙잡고 살아가는 한 하나님의 나라는 내 안에 이미 이루어졌으니 이보다 더 큰 저택이 어디 있고 이보다 더 큰 행복을 어디서 찾을 수 있으랴!

지켜 주지 못해 죄송해요

🍃 한동안 우리 사회에서 지난 2014년 4월 세월호 침몰로 304명의 희생자들과 관련해 회자되던 애통의 말이 있었다.

> 엄마가, 아빠가 지켜 주지 못해 미안해!

　기울어져 가는 배 앞에 책임 실종에 대한 실망과 함께 점점 침몰해 가는 배를 보면서도 발만 동동 구르고 아무것도 해 줄 수 없는 무력감의 절규였다. 비단 희생자를 둔 부모만이 아니다. 그 장면을 실시간으로 지켜보던 온 국민의 동일한 외침이 아니었을까 생각해 본다.
　인간은 누구든지 자신을 지켜 주며 그의 마음을 이해하고 아파해 주고 웃고 울어 주는 친구를 가까이 두었을 때 힘을 얻고 소망을 갖게 된다.
　예컨대, 치열한 전쟁터에서 전우애를 발휘하여 동료를 지켜 주는 희생적 전우야말로 그 무엇에다 비하랴!
　그런가 하면 어처구니없는 봉변을 당할 때 아무 연고도 없고 알지도 못한 생면부지의 사람이 기사도정신을 발휘하여 그런 위기와 낭패에서 보호하고 건져 내 줄 때 그 의리를 어찌 잊을 수 있으랴!

하지만 목적 쟁취를 위해서 수단과 방법을 가리지 않고 원칙과 규칙도 양심도 질서도 권위도 송두리째 부인하는 공존의 시대에 살아가고 있다. 게다가 일방통행을 일삼는 자들이 다수의 세력을 등에 업고 편향적 시각에 길들여진 게토화된 수구적 세력들이 헤게모니를 주장하기도 하는 각박하고 이기적이고 저돌적인 시대이다.

예수님을 빌라도에게 끌고 와서 심문을 하는 중에 헤롯과 대제사장과 시기관들이 보인 송교재판에서 "헤롯과 빌라도가 전에는 원수였으나 당일에는 서로 친구가 되니라"(눅 23:12)라는 말씀이 21세기 교회에도 여전히 재연되는 모습을 보았다.

그럼에도 불구하고 우리 주위에서 이런 질서를 어지럽히는 수구적 기득권 세력과 맞서 싸우려다 수욕을 당하면서도 의의 절개를 지닌 이들을 심심치 않게 볼 수 있다는 것은 이 시대에 희망의 불씨가 사라지지 않았다는 증거이리라.

목회를 하면서 나는 가끔 이와 같은 분들을 보아 왔고 내 주위에도 멀리서 가까이서 그런 분들이 남아 있음에 감사한다. 그런데 그런 분들은 인간적으로 맺은 정이 결코 아니다. 혈연도 지연도 아니고 학연도 아니다. 동호회에서 만난 것은 더더욱 아니다. 오직 복음의 능력에 사로잡혀서 여기에 올인한 나의 진정성을 공감하는 분들에게서 찾을 수 있다는 것이 공통분모이다.

처음에는 주위의 여론몰이에 오해하던 분들도 나중에는 나와 함께 머리를 맞대고 제대로 된 훈련과 사심 없는 대화를 나누는 중 나의 순전함을 이해한 후에 결국 그들은 좌로나 우로 치우치지 않고 모함과 수모를 겪는 소수 편에 도리어 서는 것을 주저하지 않는다.

어느 날 야누스 같은 표정과 말, 비류들의 저속어로 아무렇게나 내지른, 참으로 입에 담기 힘들고 글로써 차마 표현하기 힘든 장면을 당하는 모습을 본 곳은 신성한 곳이었다. 이를 생생하게 본 그들은 마음으로부터 우러나오는 절규에 가까운 고백을 이렇게 건넸다.

"목사님, 지켜드리지 못해 죄송합니다!!!"

이 말을 연이으며 하염없는 눈물을 쏟아냈다.

똑같은 일을 두 번씩이나 목격한 또 다른 어떤 젊은이는 지난 초저녁 수십 분이 흘러도 통곡을 멈추지 않으며 눈물로 기도하는 모습을 보았다. 그와 함께 통곡했다. 아무것도 해 줄 수 없는 목사로서 나의 무력감에 자책했다. 다만 그에게 해 줄 수 있는 말은 이것뿐이었다.

"너희에게는 잘못이 없어. 기성 세대인 우리가 너희에게 희망을 보여 주지 못해 미안하구나."

평소 앙숙이던 헤롯과 빌라도가 전에는 원수였으나 당일에는 서로 친구가 되니라는 말씀이 지난 몇 년간 목회현장에서 내 마음의 귀에 역력하게 들려오기만 한다. 이런 교회는 무너뜨려야 한다. 원수라도 친구가 되는 건 칭찬할 일이다. 그러나 헤롯과 빌라도는 악의의 목적에 친구였으니 엄밀히 말해 반역을 이룬 공모요 협잡꾼들이다.

그러므로 어떤 친구가 되는가이다. 어떤 성도가 되는가이다. 어떤 금식과 기도를 하는가이다. 어떤 목적을 가진 예배드리는가이다. 그리고 새로 건설해야 한다. 그때에 비로소 주님이 세우시는 '내 교회'가 될 것이다.

58

멋모르고 처음 해 본
32시간의 중노동

🍃 오래전 어느 목사님을 이전에 목회하던 교회에 초청했더니 본인의 마이크와 시스템을 가지고 오셔서 집회를 인도하신 것을 보았다. 아마도 어느 교회를 가든지 그분은 본인 전용의 마이크를 휴대하는 이유가 설교할 때 그만큼 내용 못지않게 그 내용을 전달해 주는 음향이 매우 중요하기 때문임을 알았다.

부임했던 교회에 가장 신경 쓰이는 것 중 하나가 바로 이 음향 문제였다. 소리가 명확하게 전달이 안 되고, 소리가 작아 안 들린다고 해서 볼륨을 올리면 일명 "삐~" 하고 울리는 하울링(howling) 현상이 일어나는 등 여간 애를 먹이는 것이 아니었다.

이에 음향기술자에게 맡겨 앰프, 스피커 두 조를 교체하고 기타 음향기기도 추가하고 천장 내부 배선 작업도 새롭게 하는 등 나름대로 몇 일간 보강공사를 2년 전 마쳤다.

그러자 그 당시는 처음보다 나아진 것 같았다. 그러나 하울링 현상은 여전했다. 그 이유는 예배당 벽이 석고보드인지라 소리가 튀는 현상이 일어난다는 음향전문가의 진단이었다. 다시 말해 스피커나 앰프만 교체하고 보강하는 것만으로는 한계가 있다는 것을 알았다. 이런 취약점을 보완하기 위해 오래전부터 이것저것 알아본 후 방음재 공사를 하기 위해 재료를 선택하여 구입하였다.

그 전 수요일 1박스에 12개입(1개 크기 600cmX600cm) 26박스(총 312개)를 그날 저녁부터 시험 삼아 하나씩 부착하기 시작했다. 처음에는 몇 개만 붙여 본 후 2주 전 남선교회가 토요일에 나와 공사하도록 협조해 달라고 광고를 했기에 토요일에 같이 하리라 생각했다.

그런데 막상 공사를 손수 해 보니 결코 쉬운 일이 아니었다. 콘센트나 유리창, 모서리 등 섬세하게 재단하는 일이 만만치 않았다. 줄 맞추는 일도 역시 쉬운 일이 아니었다. 치수를 재고 나면 자르고 실리콘 쏘고 그것을 붙이고 잘 눌러 부착을 확인하는 등 작업 과정이 의외로 많았다.

첫날 수요예배 후 밤부터 다음날 1시까지 작업을 했다. 다음날 목요일 오전 7시 반부터 저녁 12시까지 그리고 다음날 금요일 역시 7시 반부터 밤 12시까지 아내가 가져다준 점심 대용 떡 두 조각과 우유로 요기(療飢)하는 것 외에는 하루에 16시간씩 이틀간 중노동을 할 정도로 혹사했더니 몸이 녹초가 될 지경이었다. 이렇게 강행군으로 이틀 반을 하고 나니 내가 공사 한 박스가 26박스 중 8박스만 남았다.

이마저 시름시름 내가 하리라 생각하고 몇 분이 도와준다고 해서 그만두라고 했더니 어느 집사님이 내 맘을 읽었는지 하겠다고 해서 다시 토요일에 아무것도 하지 못하고 다시 이 일을 도와준 네 명의 성도들과 함께 거의 공사를 마칠 수 있음에 감사하다.

이 공사를 해야만 하고 서둘러 하게 된 이유는 크게 두 가지이다.

첫째, 우리 성도들 가운데는 귀가 안 들려 보청기를 끼어야만 들을 수 있는 분들이 몇 분 출석하고 있다. 그러는 분들 중에 설교할 때 마이크를 가까이 대고 하면 어느 정도 말씀 전하는 소리가 들리는데 마이크에서 좀 떨어지면 안 들린다는 것이다.

그뿐만 아니라 보청기를 낄 정도는 아니지만 또 어떤 성도들 중에는 역시 작은 소리는 잘 못 듣는 분들이 예배에 참석하고 있다. 이런 분들에게도 음향시설은 하루라도 빨리 시정되어야 할 과제였다.

일주일에 주일 낮 예배 한 번 참석하는 시간에 설교 말씀이 잘 안 들려 무슨 말씀을 들었는지 모르고 집으로 간다면 얼마나 안타까운 일이고 속상한 일이겠는가 생각하니 그 당사자들 이상으로 내 마음이 편치 않고 늘 고민해 왔던 문제였다. 이 부분을 해소해 드려야만 하겠다는 마음이 이번 방음재 공사를 하게 된 가장 큰 이유이다.

둘째, 또 다른 이유는 다음달에 열릴 부흥성회 때문이었다. 강사 목사님이 마이크 때문에 만약 말씀 전하는 데 신경이 쓰이고 잡음이 들린다면 강사 목사님에게도 크게 불편을 끼쳐 드릴 뿐 아니라 더욱이 듣는 우리 성도들에게도 은혜 받는 데 마이너스 요인이라고 생각했기 때문이다.

이번 공사를 멋모르고 손을 댔다가 내친 김에 성도들이 하기에 쉽지 않겠다는 생각으로 무리하게 쉬지 않고 하다 보니 몸은 지금도 탈수 현상이 여전하여 정상이 아니다. 하지만 붙여 놓고 보니 소리 전달이 이전보다는 나아졌고 동시에 외관상으로도 예배당이 세련된 분위기를 연출하게 되어 흐뭇하기도 하다. 앞으로 방음에 따른 기술적인 디테일한 부분에 대해서는 음향 기술진에 의뢰해 놓은 상태이다.

아무튼 이번 공사로 청각장애가 있는 분들에게 더 나은 소리가 들려지기를 바라는 마음이요, 예배당 내부 환경상 소리 전달이 불명확했던 이전보다 설교 내용이 명확하게 잘 들린다면 내 몸의 피로는 그들이 누리는 기쁨으로 모두 날려 보낼 수 있을 것 같다.

격식 파괴의 결혼 풍조

🍃 몇 년 전까지만 해도 교회 안의 청년들이 결혼을 한다고 할 때 담임목사인 나를 찾아와 주례를 요청하는 것은 지극히 당연한 전통이고 교회를 잘 다니는 청년들에게는 으레 그런 줄 알고 준비하는 것이 지극히 자연스러웠다.

그러다 그곳을 떠나 담임하던 다른 교회에서 권사님의 아들이 결혼한다고 초대장을 받았는데 주례도 없이 교회가 아닌 야외에서 결혼한다는 소식이었다. 물론 그 청년은 나이가 40 정도로 어머니와 함께 교회 잘 나오던 집사였다. 자세한 내용을 묻지 않았기에 개인적인 사정은 지금 그 교회에 있지 않기에 알 수는 없다. 다만 한 가지 배우자가 믿지 않는 자매이긴 했지만 그래서인지는 몰라도 아무튼 그들의 원하는 방식으로 치러졌다.

안 믿는 일반적인 커플들의 결혼식 새 풍습이긴 하다. 그렇다고 목사가 결혼 당사자들의 생애 과정을 지도해 오지 않은 경우에는 가타부타 개입하기가 그리 쉽지만은 않은 것도 사실이다.

하지만 성도들의 영혼을 위해 늘 기도하며 주 안에서 잘 성장하여 축복된 성도가 되기를 원하는 마음은 모든 목사의 한결같은 소망이리라. 그러기에 태어나면 출산 감사 심방, 돌 축하 심방, 생일 감사, 결혼 주례, 칠순 팔순 등 감사 예식, 세상 떠나면 조문 예식을 시작으로 입관, 장례 예식 등 한 사람의 전 생애를 위해 함께하기도 한다.

그중 결혼은 그래도 가장 가슴 설레이는 순간이 아닌가 싶다. 이런 결혼의 격식도 이제는 기존의 전통적인 틀이나 도식으로부터 벗어나는 '격식 파괴'의 시대라고 해야 옳을 것 같다.

내가 결혼할 때만 해도 내 나이에 결혼하는 것은 매우 이상할 정도였다. 그도 그럴 것이 당시 친구들을 보더라도 거의가 20대 후반이면 결혼하는 것이 당연했는데도 10년도 더 훌쩍 지나 만혼(晚婚)이라 하는 나이에 결혼했으니 부모님이 애간장 타셨을 만도 하다.

그러나 지금은 그것도 아니다. 결혼도 포스트모던의 시대다. 이른바 기존의 격식 파괴 시대에 살고 있다는 것을 실감하게 된다. 문제는 이뿐만이 아니다. 남녀 나이 차이도 흔히 남성이 여성보다 다소 연상이라는 틀도 깨져 심지어 여성이 남성보다 10년 이상 연상의 여인과 결혼하는 남성도 적지 않다. 심지어 나이 차가 20년이 넘는 여성과 만난 남성 또는 그런 남성과 만나는 여성, 이들 모두가 다름 아닌 한 나라의 대통령들임을 보면 종래 우리가 가진 보편적 개념으로는 납득하기 어렵다.

예컨대, 미국 45대 대통령에 당선된 도널드 존 트럼프(1946년생)는 그의 부인인 멜라니아 트럼프(1970년생)보다 24세의 나이차를 극복한 부부이고, 반대로 프랑스 25대 대통령에 당선된 임마누엘 마크롱(1977년생)은 그의 부인인 브리짓 트로뉴(1953년생)보다 무려 24년 연하와 결혼했다.

더욱이 놀라운 사실은 결혼의 격식 파괴가 여기에서 끝나지 않는다. 동성끼리 결혼한 한 나라의 최고 지도자도 있다. 내각책임제인 룩셈부르크의 총리 사비에르 베텔(1973년생)은 같은 남성 고티에 데스테네와 결혼한 동성혼 부부이다. 모두 미국과 유럽의 이야기이지만 결코 먼 나라의 이야기만도 아닌가 싶다.

한편, 지난 2017년 6월 2일 한 인터넷 기사(「연합뉴스」, "카드뉴스")에는 100세 시대를 언급하면서 영국의 노년학 전문가 새러 하퍼 교수의 주장이 실렸다.

> 죽을 때까지 함께하자는 결혼 서약을 다시 생각해야 한다.

따라서 목사에게 주례를 받지 않거나 예배당에서 결혼식하지 않는 결혼 예식 정도는 요즘 와서는 더 이상 관심거리조차 되지 않아 보인다.

나아가 한 번의 결혼이 아닌 몇 번씩이나 혼인하는 최고 지도층의 현실, 20-30 정도 나이 차도 문제가 되지 않는 부부, 게다가 동성애를 넘어 동성혼으로도 한 나라의 최고 총리가 되어 다스리는 이 엄연한 현실 앞에 교회는 그럼에도 불구하고 성경적인 절대 기준으로 답할 수 있는가?

우리는 이 물음에 직면해 있다.

60

열차로 60시간 타고 온 신학생들

🍃 지난 2009년부터 필리핀 카비떼 한 선교센터에 매년 초청받아 그곳 현지인 신학생들을 대상으로 가르치는 일을 10여 년 가까이 했다. 그러다 코로나가 발병하기 전 중국 서북부에 위치한 우루무치(烏魯木齊)에서 신학생들을 또 가르칠 수 있는 기회가 생겼다. 안타깝게도 지금은 그곳에 들어가기가 쉽지 않다.

더듬어 생각해 보니 20여 년 전 처음으로 중국어를 당시 몇 분과 함께 배우느라 매주 서울 마포에 있는 어느 교회에 모인 적이 있다. 얼마 동안 열심히 문법을 배우다 중단되었지만 지금은 그마저 까맣게 잊어버린 지 오래다. 그런데 하나님은 일찍이 중국을 향한 마음을 이제 와서 보니 그때 품게 하신 것 같다.

몇 년 전 내게 주어진 '기도와 영성'이란 과목을 신학생들에게 가르치기 위해 그곳을 한 주간 다녀온 적이 있다. 우리나라에서 그곳까지 가는 직항이 없다. 그러기에 북경을 거쳐 가야만 하는 곳이다.

북경까지는 비행 시간이 약 2시간이다. 그런데 왕복 모두 4시간 이상을 기다렸다가 다시 우루무치로 가는 비행기를 타야 했다. 북경에서 그곳까지는 4시간이 소요되는 거리였다. 우루무치 공항에서 강의하는 곳까지는 그나마 30여 분 거리이기에 위안이라면 위안이었다.

한국에서 신학생들을 가르치기 위해 집에서 떠난 시간은 새벽 6시였다. 그로부터 우루무치 현지에 도착한 시간이 밤 9시가 넘은 시간이었다. 나에게는 이 시간이 당연히 오랜 시간이었다. 그런데 신학생들이 배우기 위해 다른 지역에서 장시간 걸려 왔다는 말을 가르치면서 듣고 난 이후로는 더 이상 미안할 정도로 말문이 막혔다.

왜냐하면, 신학생들 중에는 북한과 인접한 흑룡강성과 길림성에서 온 학생들이 있었는데 이들은 자그마치 열차를 타고 무려 60시간 가까이 걸려 왔다는 것이다. 그보다 좀 덜 걸린 학생들은 역시 열차로 30시간 타고 온 이들도 있었다. 물론 항공편도 있지만 학생이고 그럴 형편이 안 되어 최소 비용으로 오기 위해서이다.

그렇게 해서 온 학생들은 20대에서 60대까지 다양한 연령이었다. 무엇보다도 집중강의를 받은 기간 동안 이들은 한결같이 눈망울이 초롱초롱 빛날 정도로 학습에 대한 열의가 칭찬받을 만했다.

한 주간 한 곳에 기숙하면서 수업을 받는 훈련이다. 수업도 내가 가르치는 과목이 기도인 만큼 다른 과목과는 달리 새벽기도부터 훈련을 시켰다. 우루무치는 북경보다 2시간이 늦기에 새벽 4시 30분에 시작이다. 우리 교회와 똑같은 새벽 시간에 수업이 시작된 셈이다. 그리고 오전 강의가 연속 4시간, 오후 강의 역시 4시간이었으니 하루 9시간 강의가 진행되었다. 그래도 이들이 듣는 수업 태도는 일 주 내내 진지하였다.

오래 전 정부의 사드 배치 문제로 중국과의 관계가 우려할 정도로 심각한 상황에 처했었다. 중국 내 한국 기업들, 점포들이 폐업에 이를 정도이다. 우리에 대한 보복조치가 이처럼 가시적으로 심각한 이때 복음만큼은 제한받을 수 없다는 사명을 가지고 간 그 당시 방문은 매우 큰 의미를 부여할 수 있었다.

비록 강의 내내 불안한 요소는 안고 있었다. 공식적으로 허락받은 곳이 아니기 때문이다. 현지 선교사님 말에 의하면 감사하게도 내가 갔던 신학생들이 수업받는 그곳은 그 직전 해 5월 새로 입주한 아파트였는데 우리가 머물고 있는 한 층 모두를 신학교용으로 렌트한 곳이었다.

더 감사한 것은 아래층은 아직 입주하지 않아 비어 있었다. 따라서 어느 정도 기도하고 찬양해도 직접 들리지 않기에 일부 제한은 있지만 그나마 기도 훈련할 수 있도록 된 다소 자유로운 공간이었다. 그렇지 않으면 주위에서 신고할 경우 공안요원이 출동할 수밖에 없는 곳에서 이번 강의는 진행되었다.

강의를 하면서 경험한 것은 강의하는 나로서도 강의 내용이 내가 준비한 것보다 훨씬 더 많은 내용이 떠올라 힘이 들지 않았다. 무엇보다 강의를 듣는 학생들 모두가 매우 진지하였다. 특히, 통성으로 기도하는 시간에도 보안상 큰 소리로 부르짖지는 못했지만 간절한 마음으로 꽤 소리 내어 외치는 그들의 기도는 부르짖는 소리 못지않았다.

그 당시 강의를 마치고 다녀오면서 내가 그렇게 힘 있게 강의할 수 있었던 이유는 배후에서 시간과 공간을 초월하여 우리 성도들이 매일 새벽과 저녁마다 나와 기도의 강력한 영적 전파를 보내 주었고, 함께 하는 선교회 목사님들의 기도, 그리고 나를 알고 있는 분들의 기도가 얼마나 있었겠는가를 생각하니 그 영적 기운을 느낄 수 있었다.

무엇보다 이들 신학생들이 우리와 얼굴 생김새도 거의 다를 바 없었다. 같은 핏줄이나 다름없다. 이들 중에는 북한에 가족을 둔 이들도 있다. 그러므로 이들이 잘 훈련받아 중국 선교의 밀알이 되어 거룩한 전염과 같은 복음을 중국 전역에 확산시켜 복음이 자유롭게 전파되고 나아가 북한 선교에 결정적으로 기여함으로써 분단된 이 민족의 통일을 위한 큰 모체가 되기를 바라는 마음 간절하다.